Fach-
ratgeber
Klett-Cotta

Hilfe aus eigener Kraft

WALTRAUT BARNOWSKI-GEISER

Vater, Mutter, Sucht

Wie erwachsene Kinder suchtkranker Eltern trotzdem ihr Glück finden

Klett-Cotta

MIX
Papier | Fördert gute Waldnutzung
FSC® C083411
FSC www.fsc.org

Klett-Cotta
www.klett-cotta.de

Printed in Germany
Titelbild: © tavi_Fotolia (junger Baum) © Fotoschlick_Fotolia (Baum alt)
Gesetzt in den Tropen Studios, Leipzig
Gedruckt und gebunden von CPI – Clausen & Bosse, Leck
ISBN 978-3-608-86050-4

Vierte Auflage, 2024

Bibliographische Information der Deutschen Nationalbibliothek
Die Deutsche Nationalbibliothek verzeichnet diese Publikation
in der Deutschen Nationalbibliographie; detaillierte bibliographische
Daten sind im Internet über http://dnb.d-nb.de abrufbar

Schnelleinstieg

Inhalt

1 Einleitung: Über dieses Buch und meine Motivation, es zu schreiben

»Warte nicht, bis der Sturm vorbei ist,
sondern lerne im Regen zu tanzen.«
(unbekannt)

Vater, Mutter, Kind: Dieses alte Kinderspiel erfährt in Familien mit Suchtkranken eine tragische Abwandlung. Wenn Eltern suchtkrank sind, nehmen ihre Kinder einen anderen Platz ein, als es bei Kindern mit gesunden Eltern der Fall ist. Bei einem Menschen, der an einer Sucht leidet, steht diese immer an erster Stelle – die Sucht nimmt den Platz ein, der eigentlich den Kindern zusteht. Das Handeln des Süchtigen ist nicht auf seine Kinder, sondern auf sich und das Suchtmittel konzentriert. Alles dreht sich bei Suchtkranken um das Suchtmittel und seinen Gebrauch. Ein alkoholkranker Elternteil kreist letztlich ausschließlich um die Frage, wie er an seinen Alkohol kommen kann, der tablettensüchtige an seine Tabletten, der drogensüchtige an seinen Stoff, der Workaholic kreist um seine Arbeit usw. Dies bleibt nicht ohne Folgen für das System, also die Umgebung, in der Suchtkranke leben: hier vor allem für ihre Familien. Der Gebrauch des Suchtmittels greift in das Familienleben ein, bestimmt, wie die Mitglieder miteinander leben können oder eben auch nicht mehr.

Und so bekommen gerade Kinder in Suchtfamilien ungewollt einen Platz zugewiesen, der ihnen selbst wenig gerecht wird. Die mit der elterlichen Sucht einhergehende Belastung tragen sie ein Leben lang, denn, wie eine Betroffene es ausdrückte: Suchtkind bleibt man ein Leben lang! Auch wenn das Elternhaus schon lange verlassen wurde oder der süchtige Elternteil verstorben ist: Sucht gleicht einem Zombie, der die Seelen der Kinder zu zerfressen droht – und das unbemerkt. Die

Menschen im Umfeld werden leicht zu Statisten, sie müssen hilflos zuschauen, weil das Leid und die Ohnmacht zu unfassbar erscheinen, nicht begreifbar, nicht veränderbar. So blicken Erzieher/innen, Lehrer/innen und Nachbarn in der Regel weg, während sich hinter den verschlossenen Türen der Suchtfamilie womöglich tagtäglich Dramatisches abspielt. Die Kinder dürfen nicht über ihr Leid sprechen, die Eltern schweigen aus Scham. Wenn sie doch mit ihrer Sucht an die Öffentlichkeit gehen, finden sie selbst vielleicht einen Platz der Hilfe, ihre Kinder jedoch bleiben tragischerweise meist selbst dann im Abseits.

Und oftmals ist die Sucht nicht laut, sondern schleichend und leise; dann wird es noch schwieriger, diese zu erkennen; und damit ist die Belastung für betroffene Kinder immens, fragen sie sich doch, ob es diese Sucht überhaupt gäbe oder nur Teil ihrer Einbildung war. »Ist das nicht normal, was meine Eltern da gemacht haben!«, lautet dann die Verunsicherung. »Ist es nicht normal, dass Mama täglich Tabletten nimmt, die sie doch braucht!« »Ist das nicht normal, ein paar Bier zu trinken?«, »Ist das nicht normal, auf sein Gewicht zu achten?« Kinder von Eltern, die ihre Sucht tabuisieren, sind oft noch als Erwachsene tief in ihrer Wahrnehmung und Bewertung verunsichert.

Zu Beginn meiner Tätigkeit habe ich, wie viele professionell Tätige, mit erwachsenen Kindern aus Suchtfamilien gearbeitet, ohne wirklich um das Ausmaß ihrer Belastung zu wissen: in meiner Praxis, in der Schule, in Ausbildungszusammenhängen gehörte dieses Thema zu meinem Aufgabenfeld, ohne dass ich das Ausmaß der Folgen der elterlichen Suchtbelastung wirklich ermessen hätte – ebenso wenig wie die Betroffenen selbst darum wussten. Erwachsene Kinder aus Suchtfamilien reden nicht über ihr Zuhause, scheint es doch allzu lange her zu sein. Sie wissen oftmals nicht mehr, dass ihnen etwas angetan wurde – sie merken nur an diffusen körperlichen und seelischen Beschwerden, dass irgendetwas nicht mit ihnen stimmt. Da ihnen dieses Ausmaß selbst nicht bewusst ist – sie haben gelernt zu tabuisieren und zu verdrängen, sprechen sie nicht über das in der Kindheit Erlittene. Da Betroffene mit Eltern leben, die ihre Sucht verleugnen, verleugnen ihre Kinder, dass ihnen etwas angetan wurde. Dies kann, wenn dieser Prozess nicht aufgedeckt wird, weit reichende Folgen für das Leben der Suchtkinder haben. Folgen, die ich in diesem Buch näher beschreiben möchte.

Ich habe während der Arbeit mit Menschen aus Suchtfamilien Erzählungen gesammelt und als Erinnerungsprotokolle im Anschluss an Einzelarbeiten aus dem Gedächtnis protokolliert. Weitere »Suchtkinder« habe ich in narrativen Interviews befragt. Daraus und aus meinen wissenschaftlichen Studien habe ich abgeleitet, was erwachsenen Kindern aus Suchtfamilien gemeinsam ist: Welche Verletzungen haben sie davongetragen, welche Stärken sind ihnen zu eigen geworden, aber auch, was hat ihnen geholfen, ihr Leben glücklicher zu gestalten?

Ich werde in diesem Buch keine Zitate verwenden und auf wissenschaftliche Begriffe verzichten. Wer sich in dieser Richtung stärker orientieren möchte, den verweise ich auf mein Buch »Hören, was niemand sieht«, in dem ich mich mit dem Thema im Rahmen eines wissenschaftlichen Forschungsprojektes am Institut für Musiktherapie der Hochschule für Musik und Theater / Universität Hamburg auseinandergesetzt habe.

Vielleicht haben Sie, liebe Leserinnen und Leser, dieses Buch zur Hand genommen und sich gefragt, ob sie selbst zum Kreis der betroffenen Erwachsenen gehören, die hier im Buchtitel angesprochen ist. Das wäre sehr typisch für die Art und Weise, wie erwachsene Kinder aus Suchtfamilien mit ihrer Kindheitsbelastung umgehen. Suchtkinder, wie ich erwachsene Kinder suchtkranker Eltern hier im Folgenden nennen möchte, nehmen oft grundsätzlich an, dass sie mit diesem Thema aus Kindertagen nichts mehr zu tun hätten und zum anderen, dass sie keine Probleme haben und wenn doch, diese Probleme (Symptome etwa körperlicher Art) nichts mit der früheren Situation in der Herkunftsfamilie zu tun hätten. Dies ist ein tragischer Fehlschluss mit weit reichenden Folgen für ihre Lebensqualität.

Vielleicht sind Sie auch an diesem Buch interessiert, weil sie über einen Menschen, der ihnen nah und wichtig ist, auch im professionellen Bereich, mehr erfahren wollen – vielleicht wissen Sie nur Ungenaues über seine Kindheit, ahnen aber, dass diese nicht einfach für diesen Menschen war, dass sie Spuren hinterlassen hat, die im Jetzt Folgen haben. Und auch das ist bezeichnend. Gerade Suchtkinder reden nicht gern über ihre Vergangenheit. Nicht einmal bei ihren Therapeut/innen – zudem fehlt es in diesem therapeutischen Feld oft an spezifischen Kenntnissen über das Erleben erwachsener Suchtkinder und das, was ihnen wirklich helfen kann. In all diesen Fällen möchte dieses Buch ein Stückchen mehr Licht ins Dunkel bringen.

Ich habe in meiner jahrzehntelangen Arbeit mit Kindern und Erwachsenen aus Suchtfamilien viele wunderbare und liebenswerte Menschen kennenlernen und für mich Kostbares von ihnen lernen dürfen. Für mich war und ist es ein Glück, sie in ihrer Veränderung zu begleiten, sie in ihren Talenten aufblühen zu sehen und zu beobachten, wie ihr Selbstverständnis, ihr Selbstwert und ihre Würde wachsen.

Mein Anliegen in diesem Buch ist es, erwachsene Suchtkinder darin zu unterstützen, sich der eigenen Kindheit und deren Belastung zu stellen, nicht etwa, um »Grässliches«, Schlimmes und Traumatisches, was in Suchtfamilien passiert ist, gewaltsam an die Oberfläche zu zerren oder als Sensation zur Schau zu stellen (gerade das möchte ich in diesem Buch vermeiden), sondern um von einem gemeinsamen Blick auf die kindliche Vergangenheit aus einen neuen Boden für ein zufriedeneres Leben mit sich und anderen zu legen. Deshalb kommen zuerst Betroffene selbst zu Wort. Nach meinen Erfahrungen können erwachsene Kinder, auch wenn die Erfahrungen mit süchtigen Eltern schon Jahrzehnte zurückliegen, nur dann, wenn sie einen Blick auf das, was ihnen angetan wurde, wagen, ein wirkliches Verständnis für sich selbst, ihr Verhalten, ihr Fühlen und ihre Nöte entwickeln. Erst dann sind sie in der Lage, so zeigte sich in der Praxis, ihre Stärken zu würdigen. Auch übernommene Rollenmodelle des eigenen Lebens werden so erstmalig verständlich und als Bewältigungshilfe nachvollziehbar – in diesem Buch kann ein Selbsttest darüber näheren Aufschluss geben. Meine

Forschungen und Praxiserfahrungen habe ich zu einem 7-Schritte-AWOKADO-Programm zusammengestellt, das Suchtkinder auf dem Weg in ein glücklicheres Leben unterstützen kann – dieses kann auch von professionell Tätigen in der Arbeit mit Suchtkindern eingesetzt werden. Wer verdrängt, steckt fest! Wer hinschaut und aktiv wird, kann wachsen – dazu möchte ich mit diesem Buch einen Beitrag leisten.

2 Was Betroffene selbst erzählen

Sucht kann viele Gesichter haben. Ob es sich nun um Alkoholismus, Drogen- und Tablettensucht, Esssucht, Spielsucht, Internetsucht, Arbeitssucht u. ä. handelt, gemeinsam ist all diesen Süchten: Wenn Eltern abhängig erkrankt sind, ist dies ein verhängnisvoller Prozess für die mitbeteiligten Kinder. Und gerade weil Eltern trotz ihrer Suchterkrankung gute Eltern sein möchten, droht dieser Tatbestand, dass Kindern ein Schaden durch ihre suchtkranken Eltern zugefügt wird, verleugnet und ausgeblendet zu werden. Das Leiden der Kinder ist in der Regel nicht einmal den mit der Süchtigen betrauten Fachkräften im Blick – selbst in vielen Suchtkliniken werden Angehörige nur wenige Male mit eingeladen und in Gespräche einbezogen. Tragischerweise dabei oftmals erneut mit dem Blick auf den Suchtkranken, etwa mit der Fragestellung, was das Familiensystem zum Erhalt der Suchterkrankung beitrage und was die Familie tun könnte, um die Sucht zu unterbinden. Die Angehörigen werden bislang leider mehr als Aufrechterhalter und Verursacher von Sucht angesehen als diejenigen, denen selbst etwas Schlimmes angetan wurde. Insofern ist es nicht verwunderlich, dass Suchtkinder, auch unter professionellen Helfern, in ihrer Not und Bedürftigkeit weiter auf sich allein gestellt sind – etwas, was gerade diese Menschen allzu gut kennen.

Oftmals hat das Suchtmittel am Anfang einer Erkrankung die Funktion, etwas zu ersetzen oder zu überdecken, was der Suchtkranke nicht anders bewältigen kann – oftmals lenkt es von den eigentlichen Konflikten des Kranken ab, erleichtert vielleicht zunächst, lässt Schweres vergessen. Damit wird das Konflikt- und Lebensbewältigungsmodell Sucht zu einem Geschehen, das alle in der Familie betrifft. Je stärker die Abhängigkeit, je heftiger die Erkrankung, umso mehr sind die Familienangehörigen mit extremer Krisenbewältigung beschäftigt. Und das oft über Jahre und Jahrzehnte, verborgen vor den Augen der Öffentlichkeit, vor dem sich die mit betroffenen Angehörigen glauben schämen zu müssen. Sie übernehmen die Scham und vieles mehr stellvertretend für den Kranken. Sie leisten jeden Tag schier Übermenschliches, das sie überfordert, für das sie jedoch oftmals durch ihre Familie weder Dank noch Anerkennung bekommen, erst recht nicht Unterstützung, die sie selbst dringend benötigten.

Oft erfahren erwachsene Kinder aus Suchtfamilien erst dann Hilfe, wenn sie selbst süchtig werden oder anderweitig ernstlich erkranken. Eine tragische Kette der Weitergabe von Suchtfolgen, die sich durch die Generationen zieht.

Wie sehen diese Wunden, die in den betroffenen Familien entstehen, aus, welche Spuren haben die süchtigen Eltern in ihren Kindern hinterlassen, welche Maskierungen tragen diese Wunden und vor allem, wie können diese geheilt werden, sodass Betroffene damit trotzdem zu einem glücklichen Leben finden können: Mit diesen Fragen möchte ich mich auf den nächsten Seiten befassen.

Jede Familie ist anders, jede Suchtfamilie auch. Ich möchte deshalb Suchtkinder selbst zu Wort kommen lassen und anhand ihrer individuellen Geschichte im Anschluss jeweils das Erlebte im Kontext der jeweiligen elterlichen Sucht kommentieren. Vielleicht finden Sie sich und ihre Geschichte oder die Geschichte von Menschen, die Sie näher kennen oder betreuen, in den Erzählungen wieder. Gern mag ich noch einen Hinweis zum Lesen geben: Achten Sie beim Lesen der Erzählungen auf ihr persönliches Maß – sie müssen nicht alles hintereinander lesen. Wenn ihnen etwas nahegeht, suchen Sie vielleicht zunächst den Austausch mit anderen Menschen oder schreiben Sie nieder, was ihnen dazu einfällt. Und: Öffnen sie ihren Blick beim Lesen für die Kraft des Dennoch, die die meisten Suchtkinder durch Schlimmes hindurch getragen hat und die manchmal zart, aber doch sichtbar, durchschimmert.

2.1 Gesichter der Suchtkindheit

»Ich glaube nicht, dass sie mir etwas Schlimmes getan haben!«
Herr B., 42 Jahre, Sohn einer tablettenabhängigen Mutter

»*Schlimm ist für mich, dass ich im Grunde gar keine Erinnerung an meine Kindheit habe. Ich finde das sehr unangenehm, wenn andere Menschen ganz genau Dinge von früher erzählen, ich selbst weiß nichts mehr, ich kann nichts zu solchen Gesprächen beitragen. Das macht mich nervös, denn ich vergesse überhaupt permanent Dinge. Egal, ob das Gutes oder Schlechtes ist, es ist, als würden die Dinge, die passieren, in einem schwarzen Loch versinken. Ich weiß von früher eigentlich nur noch, wie es bei uns in der Küche aussah und dass es dort sehr leise war. Ich bin, wenn ich mich dort sitzen sehe, vielleicht noch nicht in der Schule, eher im Kindergarten. Meine Mutter ist für mich überhaupt nie präsent, wenn ich an meine Kindheit denke. Und das verstehe ich nicht, denn sie muss ja da gewesen sein! Sie war nicht mal berufstätig. Ich habe auch keine Erinnerung, dass ich sie mal was gefragt hätte oder sie mir später bei den Hausaufgaben geholfen hätte. Ich weiß überhaupt wenig über meine Mutter, also nicht, was sie gedacht, gefühlt oder gesagt hat. Ich weiß nicht, ob sie mal mit mir gespielt hat. Ich könnte sie ja fragen, aber das käme mir blöd vor, wenn ich jetzt nach all den Jahren nachfrage. So kontrollierend: »Na, hast du auch mit deinem Kind gespielt?« Müsste doch eigentlich sein, oder? Mit meinem Vater habe ich Fahrradtouren gemacht, das weiß ich. Ich glaube nicht, dass sie mir wirklich etwas Schlimmes getan haben, mich geschlagen oder so was. Bestimmt nicht. Vielleicht eher geschwiegen, wenn was nicht gut war, vielleicht in der Schule – gesprochen haben sie alle kaum. Meine Mutter muss wohl mal wegen Depressionen in der Klinik gewesen sein. Ich weiß nichts mehr davon. Manchmal macht mein Vater auch so komische Andeutungen: »Na, wenn du die Pillen alle hättest selber bezahlen müssen, wäre wohl nicht mehr viel vom Haus übrig geblieben.« Dann guckt meine Mutter nur sauer und bringt ihn mit ihrem Blick zum Schweigen. Sehr ruhig ist es in meiner Erinnerung, langweilig vielleicht. Ich merke auch gar nicht, ob ich da bin oder*

nicht. Irgendwie war es leer. Bis heute schlafe ich ein, wenn ich nicht arbeite. Wenn irgendwas aufregend ist, schlafe ich auch ein. Das kann mir sogar beim Autofahren passieren, da muss ich richtig aufpassen.
Ich glaube, ich brauche keine Freunde, ich könnte gut völlig alleine leben. Ich brauch das nicht, dass jemand um mich rum ist. Mein Vater sagt, ich hätte im Gegensatz zu meiner Schwester gar nicht geschrien. Ich war pflegeleicht. Meine Frau beschwert sich manchmal. Sie sagt, es sei ihr, als sei ich oftmals gar nicht da. Ich rede wohl zu wenig mit meiner Frau, also nicht über Gefühle – das war mir lange Zeit nicht bewusst. Ich wüsste dann auch gar nicht, was ich erzählen sollte. Vielleicht mal kurz, ob im OP was Besonderes war, aber ich will sie nicht langweilen.
Ob ich glücklich bin? Na, sie sind ja witzig, was Sie mich hier fragen. Ziemlich verrückt. (Wird ernst)
Kaum, sehr selten habe ich Glücksgefühle. Vielleicht beim Singen in meinem Kirchenchor. Da sind mir am Anfang jedes Mal vor Rührung die Tränen gekommen. Ich wusste nie, warum. Vielleicht weil sich das so verbunden angefühlt hat, so ein Verstehen ohne Worte. Ich liebe Musik und habe deshalb jetzt mit über 40 noch das Gitarrespielen angefangen. Ich mag es, wenn ich oder andere dazu singen. Das sind Momente, in denen ich merke: Ich lebe. Dann spüre ich mich für diese Augenblicke, danach ist das wieder weg.

Kommentar

Herr B., Sohn einer tablettenabhängigen Mutter, ist ein angesehener Arzt in der Kleinstadt, in der er mit seiner Familie lebt. Herr B. wird von anderen als erfolgreich bezeichnet.

Wer wie Herr B. von frühester Kindheit an ins Leere läuft neben einer kranken Mutter, verliert das Gespür für sich und andere, verliert auch einen Wertmaßstab für das, was schlimm ist und was nicht. »Ich glaube nicht, dass sie mir etwas Schlimmes getan haben!« – eine Aussage, die deutlich macht, wie wenig Herr B. weiß, dass eben gerade diese Leereerfahrung des »Nichts« das Schlimme ist, was in ihm tiefe Spuren hinterlassen hat, Leerstellen in seinem Erleben.

Wenn Kindheiten schlimm und nicht aushaltbar erscheinen, entwickelt die kindliche Seele Schutzmechanismen, die sie vor Schlimmerem bewahrt. Ein Schutzmechanismus gegen nicht Aushaltbares kann Vergessen sein. Herrn B.'s Leereerfahrungen (seine Mutter war offenbar zwar körperlich anwesend und dennoch völlig unerreichbar) waren wohl so schlimm, dass er dieses Erleben »vergessen« musste, sich kaum noch an etwas aus dieser Zeit erinnern kann. Zugleich ist, wie so oft in suchtbelasteten Familien, nicht einmal klar, dass es eine Sucht gab, ist nicht klar, ob es ein Leiden gab – die Sucht unterliegt dem Tabu, liegt im Nebulösen, und damit bleiben Kinder mit diesen Erfahrungen dauerhaft im Ungewissen: Sie sind hilflos auf sich selbst zurückgeworfen. Auch mit den Fragen, die sie haben, bleiben sie allein. Auch hier greifen sie ins Leere: mit weit reichenden Folgen für ihre frühkindliche und weitere Bindungsentwicklung. Wer diese Mangelerfahrungen über mehrere Jahre, noch dazu von frühester Kindheit an, wie hier Herr B., alltäglich machen muss, kann das Dramatische zwar nicht mehr erinnern, aber er wird es als Erwachsener an sich selbst erleben. Das schwarze Loch meldet sich im Erwachsenenalter immer noch, oft ungefragt und wenig willkommen, so wie viele Erwachsene Suchtkinder erzählen. Heute im Jetzt, da es, wie sie finden, nicht mehr nötig wäre. Körper und Seele haben die Erfahrungen der Kindheit neuronal und leiblich, das heißt in Körper, Seele und Geist abgespeichert.

Wie Herr B. gehen Kinder, wenn sie den Eindruck haben, keinen Einfluss nehmen zu können, in die Resignation: Sie sprechen nicht mehr über sich und ihr Innenleben – sie kommen sich in der Leereerfahrung der Kindheit selbst abhanden, sie werden Teil des schwarzen Loches. Bezeichnenderweise kann Herr B. erst auf Nachfragen herausfinden, dass eine andere Beziehungserfahrung, nämlich die der Verbindung im gemeinsamen Musikmachen, von ihm als »Glück« erlebt wurde. Ein kleiner Moment von großer Bedeutung – ein wichtiger Schritt.

»... Du sehnst dich wie bekloppt nach Liebe ...«

Frau S., 29 Jahre, Tochter einer drogenabhängigen Mutter

»*Ich erinnere mich nicht gerne an meine Kindheit. Gott sei Dank liegt die weit zurück. Ich erinnere mich vor allem daran, allein gewesen zu sein, weil ich nie Freunde einladen durfte. Das wäre ganz schlecht gewesen, dann hätten die das Elend gesehen bei uns. Als ich älter war und die Therapie machte, da wurde mir das egal, da habe ich meine Freunde trotzdem mitgebracht. Da haben die das Chaos mitbekommen. Es war einfach alles anders bei uns und das fanden manche auch cool. Dass meine Mutter uns immer was zum Trinken und Rauchen angeboten hat, wenn sie mal da war. Ich wusste auch nicht, wann ich meine Mutter hätte etwas fragen sollen. Es gab nie einen richtigen Zeitpunkt. Ich weiß noch, wie meiner Lehrerin in der 5. Klasse fast die Augen aus dem Kopf gefallen sind, als ich gesagt habe: Abends kann ich meine Mama nicht nach der Unterschrift für die Klassenarbeit fragen, abends kommt immer der Dealer! Für mich war das absolut normal. Mir war nicht klar, dass das für andere Menschen ganz schlimm klingt. Für mich war das so normal wie zur Toilette gehen oder ... Ja, jetzt werde ich gerade nachdenklich. Weil, normal war überhaupt nicht viel bei uns. Ich lebte bei meinem Opa, bei dem, heute weiß ich das, ich es mit einem schwer Depressiven zu tun hatte. Wir lebten meist mit runtergelassenen Rollläden. Ich musste möglichst leise sein. Es war für ihn schlimm genug, dass ich da war und er sich auch noch um mich kümmern musste, wo er mit meiner Mutter doch weiß Gott schon genug Probleme hatte. Immer seine Panik, dass ich auch an Drogen geraten könnte.*

Bis ich in die Pubertät kam, habe ich versucht, meinem Opa jeden Wunsch von den Lippen abzulesen, denn mein Vater hatte keinen Bock auf mich, meine Mutter konnte nicht – bloß nicht auch noch ihn verlieren. Ich habe ihn sehr geliebt, hatte furchtbare Angst, dass ihm etwas passieren könnte. Besonders als meine Mutter dann im Knast war wegen ihrer Drogengeschichten. Da hatte ich auch die ganze Zeit das Gefühl, allen anderen nur Lügengeschichten erzählen zu müssen, damit die das nicht merken. Das war wirklich richtig peinlich und mein Opa riet mir, meine Mutter möglichst gar nicht mehr zu erwähnen. Ich habe mir die Dinge in meiner Phantasie so gemacht, wie ich sie haben wollte und mir eine schöne Welt geträumt. Meine Freundinnen dachten dann, dass ich eine Lügnerin bin. Das war schwer, aber ich habe dann wieder aufgehört, Mist zu erzählen. Da half mir auch die Therapeutin. Für mich war damals meine Phantasie die Realität. Ich dachte gar nicht, dass ich lüge. Heute weiß ich, dass ich mir eine eigene Welt erträumt habe. Ich habe mir in meiner Fantasie die Familie gemacht, die ich gern gehabt hätte, manchmal habe ich richtig damit gelebt, als wäre das wirklich so. Dann habe ich meiner Mutter eine Kaffeetasse hingestellt, so als wäre sie ganz normal bei mir. Und meinen Opa habe ich mir in Gedanken so liebevoll gemacht, wie ich ihn mir immer gewünscht habe. Wenn jemand vom Jugendamt kam, dann habe ich oft diese schöne Welt erzählt und nicht, wie schrecklich es war – dafür habe ich mich eher geschämt.

Ich war total froh, dass ich meinen Opa hatte, er war ja der einzige, der richtig zu mir gehörte. So wie an meinen Opa habe ich mich dann immer wieder extrem an Menschen geklammert, um sie später enttäuscht wegzustoßen. Das ist richtig verrückt, du sehnst dich wie bekloppt nach Liebe und hast Todesangst, dass du wieder enttäuscht und verlassen wirst. Dann lieber gleich selber die Beziehung beenden.

Ich war immer auf der Suche nach einer richtigen Familie. Wie habe ich meine Freundinnen beneidet! Die kriegten morgens Frühstück hingestellt und Mittagessen, wenn sie nach Hause kamen. Und dann meckerten die auch noch an ihren Müttern herum! – das konnte ich gar nicht verstehen. Eine Mutter zu haben, die auf einen wartet, schien für mich der Himmel auf Erden. Ich habe meine Mutter ja kaum clean erlebt. Wenn sie nicht gespritzt hat, hat sie immer noch getrunken. Das Methadonprogramm hat sie immer wieder abgebrochen. Da musste ich dann halt so langsam meine Hoffnung auf ein gemeinsames geregeltes Leben mit ihr begraben und realisieren, dass ich nur Opa habe. Das habe ich nur mit Therapie und meinen Freunden geschafft. Das hat schon geholfen. Aber ich bin immer noch viel traurig, obwohl ich ja beruflich erfolgreich bin und gut für mich sorgen kann. Ich sitze, sobald Ruhe einkehrt ist, da und fühle mich sehr allein und irgendwie komisch. Und dann denke ich: Du hast doch gar keinen Grund, dich schlecht zu fühlen!

Kommentar:
Welch eine Kindheit! Und da soll sich Frau S. in der Erinnerung dennoch gut fühlen: Das ist die Erwartung, die früher ihre Familie an sie stellte, eine Erwartung, die sie so verinnerlicht hat, dass sie sie sich heute selbst abverlangt. Da ist etwas zur Normalität geworden, das bei Außenstehenden ein Schaudern hervorruft. Ein Kind wird von der Mutter nicht einmal mit dem Nötigsten versorgt, nicht einmal mit ihrer Präsenz. So kann sie nicht einmal angeforderte Unterschriften für die Schule bekommen, keine Fragen stellen.

Zum Glück kümmert sich der Opa, findet sie, eben gerade so gut, wie es dieser kann. Auch der Großvater fühlt sich belastet durch die Probleme, die sich aus der Suchterkrankung seiner Tochter ergeben. Nicht selten finden sich in Familien mit Suchterkrankungen auch weitere Süchte und Erkrankungen, wie hier die Depression. Für Frau S. ist der Großvater der Strohhalm, an den sie sich klammert. Sie träumt dennoch davon, endlich allein mit der Mutter zu leben. Über Jahre hält sie an diesem Wunsch fest, trotz aller Rückfälle und misslungenen Entzüge der Mutter. Suchtkindern ist dieses Festhalten und Ringen um den geliebten Elternteil zutiefst zueigen. Außenstehende können das meist nicht verstehen. Die Hoffnung stirbt zuletzt, sie ist oftmals Motor, weiterzuleben. Wie verständlich, dass Frau S. sich eine eigene Realität baut, in die sie entflieht, von anderen Menschen mit dem Etikett der »Lügnerin« belegt. Eine tragische Schleife der sozialen Isolation beginnt. Niemanden mit nach Hause bringen dürfen, um sich nicht stellvertretend für den Süchtigen schämen müssen. Die Menschen, die dennoch als Freunde gefunden werden, sollen aus Scham mit Unwahrem zum Bleiben bewegt werden: Frau S. kann sich nicht vorstellen, das jemand sie mit der Realität, in der sie lebt, mögen könnte. Die Sehnsucht nach der mütterlichen Liebe motiviert, nicht aufzugeben, weiter nach Menschen, mit denen sie nahe Beziehung leben kann, zu suchen und sich ihnen anzuschließen. Ruhephasen spülen die Gefühle der Verlorenheit und Einsamkeit immer wieder an die Oberfläche. Dennoch hat sie den Sprung in ein anderes Leben geschafft – manchmal benötigen heilende Prozesse viele Jahre.

»Ich sehe mich mit ihren kontrollierenden Blicken …«

Herr E., 32 Jahre, Sohn einer magersüchtigen Mutter

»Meine Mutter war, solange ich denken kann, immer mit unserem Essverhalten beschäftigt. Sie hat uns allen vorgeschrieben, was wir essen dürfen, was nicht, wann, wo. Einfach alles und immer. Bei meinem Vater und mir hatte sie in Bezug auf das Essen wenig Erfolg – wir haben einfach nicht darauf reagiert, und dann hat sie es auch gelassen. Aber damit war es nicht weg, das Thema. Meine Schwester konnte sich nicht wehren gegen sie. Schon als kleines Mädchen sehe ich sie in unserer Küche auf der Holzbank sitzen, und sie isst so gern und meine Mutter reglementiert sie: »Nun ist aber genug! Auf gar keinen Fall eine zweite Kartoffel! Na, das wird ja wieder ein Speckröllchen werden!«, wenn sie um einen Nachschlag fragte. Meine Mutter hat ihr sogar die Marmelade vom Brot runtergekratzt. Ich habe meine Mutter nie mehr als das essen sehen, was sie sich selbst vorschrieb. Sie war vor meiner Geburt wohl magersüchtig, auch mal in einer Klinik. Darüber hat sie ein paar Mal geredet, wenn sie wieder Stress mit meinem Vater hatte. Ich weiß nicht, ob sie heute noch krank ist. In jedem Fall hat sie sehr starre Regeln in Bezug auf Essen: Gleiche Uhrzeit, nie nach 17 Uhr essen, so und soviel Schritte gehen nach dieser und jener zu sich genommenen Kalorienzahl und ähnliche Regeln. Schön und gemütlich war es bei uns beim Essen nie. Meine Schwester hatte öfter Hunger und ist heimlich an den Kühlschrank geschlichen. Ich habe meiner Schwester auch oft was zugesteckt oder aus dem Kühlschrank geholt. Meine Mutter hat aber gemerkt, dass darin etwas fehlt, und dann gab es für uns beide Schimpfe. Oft mussten wir dann aufs

Laufband. Meine Schwester ist ja magersüchtig und bulimisch geworden. Sie hat schon in Erwartung der Schimpfe, die sie kriegen wird, vorsorglich gekotzt. Sie hört bis heute bei jeder Mahlzeit innerlich die Stimme meiner Mutter und fühlt sich nach jedem Essen ungeheuer dick. Ich selbst sehe mich auch immer mit den kritischen Blicken meiner Mutter.

Wenn wir dann am Wochenende bei den Großeltern waren, war es ganz schlimm. Die haben sich extrem kontrolliert. Es wurde etwas gegessen und dann hieß es: »Jetzt aber auf die Waage, Kinder!« Dann Entsetzen, wenn die Waage mehr anzeigte. Ich glaube, keine Naturkatastrophe hätte schlimmer sein können als ein Pfund Gewichtszunahme. Davon hatte das meine Mutter wohl, dass sie sich gar nichts gönnen konnte. Überhaupt waren alle Frauen in meiner Familie sehr dünn und sehr lustfeindlich. Und alle wurden von ihren Männern betrogen. Sie haben unter ihren Männern gelitten, aber darüber nie gesprochen. Sie haben sich wohl jedes Gefühl verboten und deshalb durfte keine Lust beim Essen sein. Das wäre ja lebendig gewesen und unkontrolliert. Das hat meine Oma an meiner Mutter durchexerziert und die wieder an meiner Schwester. Eigentlich waren alle mit Essen und Nichtessen beschäftigt, während zwischen meinen Eltern nichts mehr stimmte, Eiszeit! Genaues weiß ich nicht, ich weiß nur, dass meine Mutter manchmal verweint aussah.

Ich dachte immer, dass das alles an mir spurlos vorbeigegangen wäre. Aber dass ich mich so klein und schlecht fühle, dieses Versagergefühl, das hat ja vielleicht was damit zu tun. Kann ja auch sein, dass meine Zwänge irgendwie daher kommen. Wenn ich mal eigene Kinder haben sollte, dann ist mir total wichtig, dass sie essen dürfen, wie sie wollen, einfach gerne essen. Dann weiß ich: Denen geht es gut, die lassen es sich gut gehen, die sind nicht so kaputt.

Kommentar:

Wieder ein eindrucksvolles Beispiel, wie elterliche Sucht alle Familienmitglieder in den Bann zieht und auf erschreckende Weise mit betrifft – und das weit hinein in das Erwachsenenalter. Essen, Gewicht und Kontrolle, schon in der Generation der Großeltern ein Familienthema, ist zentral im Leben der Mutter und wird damit eine Belastung für ihre Kinder. Aber nicht nur die der besonderen Kontrolle der Mutter ausgesetzte Tochter, sondern auch Herr E. als Sohn wurde in Kindheitstagen in doppelter Weise belastet: das Erleben von Kontrolle wird Teil seiner Identität, auch wenn er bislang nicht an einer Essstörung erkrankt wie seine Schwester. Der Kern der Erkrankung, den Herr E. in der gescheiterten und von Betrug geprägten elterlichen Paarbeziehung vermutet, ist in der Familie nicht offen besprechbar. Die Mutter verschiebt diese Ebene auf die des Essens, Herr E. lebt die Kontrolle auf der Ebene der Zwänge. Auch im Jetzt, der Kindheit entwachsen, fühlt er sich von den kontrollierenden Blicken der Mutter verfolgt. Die Folgen der Belastung sind gegenüber den Eltern nicht auszusprechen. Im Grunde verschwindet Herrn E.'s Mutter wie viele Menschen mit Essstörungen aus einer für sie nicht aushaltbar erscheinenden Situation: An die Stelle der Verletzung und Enttäuschung tritt das Kreisen rund um das Thema Essen, das gesamte Selbstbild und die Identität werden am körperlichen Erscheinungsbild festgemacht. Die damit einhergehende Lustfeindlichkeit möchte Herr B. seinen Kindern ersparen. Ein deutliches Signal für seinen Wunsch, die familiäre Delegation (Weitergabe an die nächste Generation) endlich aufzulösen.

»Alle taten, als gäbe es das nicht!«

Frau A., 32 Jahre, Tochter alkoholabhängiger Eltern

»*Beide Eltern haben getrunken. Ich war aber komischerweise nur mit dem Trinken meiner Mutter beschäftigt, mein Vater ist mir früher nicht so aufgefallen. Dass meine Mutter trank, das hat auch niemand »gewusst«. Wir haben auch in der Familie nie darüber gesprochen, das war wie ein schwarzes Loch, jeder wusste, dass es da ist, aber alle taten so, als gäbe es das nicht. Eben unsichtbar. Für mich war es, glaube ich, am schlimmsten, weil ich am meisten mit ihr zusammen sein musste, ich war ja die Jüngste. Meine Geschwister haben auch nie was gesagt, zu peinlich, glaube ich. Mein Bruder verliert bis heute kein Wort darüber. Ich glaube, er denkt, wenn er nicht drüber redet, dann gibt es das Trinken meiner Mutter auch nicht. In der Schule hatte ich immer ziemlich den Rappel, weil ich ja nicht wusste, was mich zu Hause erwarten würde. Wenn ich nach Hause kam und sie schlief, dann war es ganz gut, dann standen da leere Flaschen rum und ich wusste, heute passiert mir nichts mehr. Schlecht war, wenn sie halb voll war. Dann saß sie mit der Ginflasche neben mir und kontrollierte meine Hausaufgaben, da konnte ich mir dann schnell mal ein paar einfangen. Mein Vater hat dazu nichts gesagt, er hat mich manchmal in den Arm genommen, er hat gesagt: »Du musst tun, was deine Mutter sagt. Sei nicht so ein Dickkopf!« Er hat nicht so viel wie meine Mutter getrunken, nur manchmal. Meine Lehrer haben meine Eltern mal angesprochen, warum ich immer so schnell ausflippe und dass man mit mir nicht reden kann und so. Da haben sie gesagt, dass ich von klein an zickig gewesen sei und dann war das Thema für alle vom Tisch. Mit meinen Freunden habe ich da auch nicht drüber gesprochen: Ich fand das peinlich. Ich glaube auch, die fanden, wenn sie mal bei uns waren, ich durfte ja kaum Besuch haben, meine Eltern »cool«. Meine Mutter hat dann alle in den Arm genommen und war lustig und hat meinen Freundinnen Alkohol angeboten, den sie ja sonst noch nicht trinken durften. Ich glaubte früher, ich sei die einzige, mit der meine Mutter Probleme habe. Wenn man eine Tochter hat, die einen nicht versteht und zickig ist, dachte ich, dann ist man traurig und will mit Trinken vielleicht bessere Laune kriegen.*

Kommentar

Wenn Kinder in Suchtfamilien aufwachsen, dann ist die Sucht meist ein Tabuthema – erst recht, wenn beide Eltern trinken. Die Familie hütet ein Geheimnis, eine Krankheit und leistet zugleich beinah übermenschlich Schweres an Krisenbegleitung, das nicht nach Außen dringen darf, weil Sucht nicht gesellschaftsfähig ist. Die damit einhergehende stellvertretende Scham der Angehörigen wird zum schwarzen Loch, wie es Frau A. plastisch beschreibt. Obwohl sie miteinander Schlimmes erleben, isolieren sich auch die Geschwister emotional voneinander. Nur nicht benennen, nur nicht dem Unsagbaren Worte verleihen, lautet die unausgesprochene Familienparole. Wenn sich Frau A.'s Mutter für ihr Verhalten schämte, so durfte das nicht nach Außen dringen. Sie gab sich selbst die Schuld am Trinkverhalten der Mutter. Wie die meisten Kinder aus Suchtfamilien glaubte sie, dass sie mit ihrem jeweiligen Verhalten die Laune der Mutter beeinflussen könne und damit verantwortlich für deren Suchtverhalten sei. Wer das über viele Jahre erlebt, fühlt sich abhängig vom Suchtverhalten, Abstinenz wird mit eigenem Erfolg gekoppelt, Sucht als persönliches Versagen verstanden. Viele Suchtkinder fühlen sich schließlich in einem Korsett von Schuld gefangen, das sie bis ins Erwachsenenalter nicht ablegen können. Eine prägende Lebens- und Bindungserfahrung!

Kinder aus Suchtfamilien entwickeln so eine hohe Bereitschaft, auch in anderen Situationen grundlos und selbstverständlich Schuld auf sich zu nehmen, ohne dass sie sich schuldig gemacht hätten. Eine tragische Schleife der Isolation beginnt, die Betroffene als Erwachsene in der Regel zu ihnen gehörig und unvermeidlich erleben. Dies verstärkt das Gefühl einer grundlegenden Einsamkeit. Selbst in Gesellschaft von Menschen oder neben Partner / innen und Freund / innen fühlen sie sich oftmals fremd und allein.

»Eigentlich ging es nie um mich …!«

Herr B., 27 Jahre, Sohn eines arbeitssüchtigen Vaters

» *Wenn ich an meinen Vater denke, dann erinnere ich ihn eigentlich nur schreiend. Wenn er mich erblickte, beschimpfte er mich als Tölpel und Dummkopf. Ich war ihm einfach nicht schnell und geschickt genug. Ich machte wohl in seinen Augen alles falsch.*

Mein Vater hat selbst eine große Karriere gemacht. Er kam eigentlich aus kleinen Verhältnissen und hat sich seinen Aufstieg mühsam erkämpft. Er hat dafür hart gearbeitet, eigentlich immer gearbeitet. Immer. Wenn wir in Urlaub fuhren, fuhr er mit, um dann nach einem Tag abzureisen. Er hatte Tätigkeiten, die ihn durch die ganze Welt führten und war dadurch kaum zu Hause. Wir haben uns dann immer gut eingerichtet zu Hause, sodass wir einfach nur in totaler Spannung waren, wenn er auflief. Weil dann natürlich plötzlich alle nach seiner Pfeife tanzen mussten. Und er schrie uns beim Ankommen gleich entgegen, dass es ruhig zu sein hätte, weil er zu arbeiten hätte. Nachts hörte man immer das Tippen und Telefonieren aus seinem Zimmer. Als ich klein war, hat meine Mutter mir immer erklärt, wie stolz ich sein müsste auf ihn und wie toll er sei. Ich wollte dann genauso werden wie er – er war so was wie ein Fernsehstar, der unerreichbare Held, von dem man träumt als kleiner Junge. Ich wollte werden wie er und habe das nicht hingekriegt. Ich war ein schlechter Schüler und damit in den Augen meines Vaters ein absoluter Versager. Wenn wir mal was zusammen gespielt haben, dann nur, damit er irgendwas mit mir trainierte und dann losschrie, wenn ich das nicht hinbekam. Eigentlich ging es nie um mich, sondern nur darum, ob ich was leistete. Mein Vater schien immer ein Pulverfass in sich zu tragen. Es machte ihn wohl schon an sich sauer, dass er Kinder und Familie hatte. Meine Mutter wiederum war sauer auf ihn. Sie lebte zwar im Luxus, aber hatte eben keinen Partner. Ich habe mich dann immer vor sie gestellt, als ich älter war und sie vor ihm verteidigt, weil sie ihm nicht gewachsen war. Ich war wohl so was wie ein Blitzableiter. Ich glaube, meine Mutter hat nicht einmal bemerkt, wie sehr ich mich da reinschmeiße für sie. Sie waren beide sehr mit sich selbst beschäftigt. Wenn er nicht arbeitete, dann gab es Streit und er hatte einen Grund, wieder beleidigt zu arbeiten.

Wenn wir mal Besuch hatten, was selten vorkam, oder er mit anderen telefonierte, dann hatte er eine ganz andere Stimme, sicher, souverän, immer einen Scherz auf den Lippen. Aber das kippte abrupt, wenn er mit uns allein war. Er sagte oft, was aus ihm alles hätte werden können, wenn er uns nicht gehabt hätte. Eigentlich hatte ich keinen Vater, wirklich, und das finde ich entsetzlich! Und doch versuche ich bis heute, endlich beruflich irgendetwas zu schaffen, damit er stolz auf mich sein könnte. Arbeit ist bis heute eigentlich das einzige, was meinen Vater wirklich interes-

siert – es ist das einzige, wobei ich ihn leidenschaftlich erlebe. Eigentlich gebe ich mir bis heute die Schuld daran, dass ich so unbegabt bin und er so viel arbeiten musste – ich habe ihn als Sohn enttäuscht.

Kommentar:
Wie so viele Erwachsene aus Suchtfamilien fühlt Herr B. sich verantwortlich für die Arbeitssucht seines Vaters. Auch als Erwachsener kann er diese Einschätzung nicht ablegen. Im Gegenteil, er versucht wie in Kindheitstagen seinem Vater endlich zu gefallen, endlich geschätzt und geliebt zu werden. Wenig deutlich scheint ihm bislang, wie wenig Einfluss er auf das Beziehungsgeschehen zwischen seinem Vater und ihm tatsächlich hatte. Suchtkinder überschätzen sich aus ihrer jahrelang erlebten Ohnmacht heraus diesbezüglich häufig. Nur bei der Arbeit erlebt Herr B. seinen Vater leidenschaftlich, nie glücklich damit, Familie und Kinder zu haben. Dies scheint eng verknüpft mit wiederholten Entwertungen durch den Vater, und lassen Herrn B.'s Probleme mit seinem Selbstwert allzu verständlich erscheinen. Er versucht, die Mutter zu unterstützen, indem er sich für sie einsetzt, doch auch sie bemerkt in der eigenen Unzufriedenheit über die Gesamtsituation das Bemühen ihres Sohnes kaum. Alleinsein und Verlorenfühlen sind oftmals die Folge, Gefühle, die die große Gefahr in sich bergen, ebenfalls durch ein Suchtmittel ausgeglichen zu werden.

»Morgen kommt die Million!« – »Wenn ich nicht weiß, wer mein Vater wirklich war – Wer bin dann ich?«

Frau T., 61 Jahre, Tochter eines spekulationssüchtigen Vaters

»Ich war ungefähr dreizehn Jahre alt, als mein Vater mir vor der gesamten Familie feierlich eröffnete, dass ich mich nie um Finanzielles zu kümmern bräuchte: die Millionen lägen für mich bereit! Geld verdienen und Arbeiten sei für mich nicht von Nöten.
Ich hatte schon im Grundschulalter bemerkt, dass meine Familie etwas

Besonderes war: Wenn unser Familienname genannt wurde, bemerkte ich beim Gegenüber, sei es in der Schule, bei Nachbarn, bei offiziellen Anlässen in unserer Großstadt, einhellig respektvolle Blicke und ehrfürchtige Hochachtung. Wir bewohnten ein Haus mit zwanzig Zimmern, hatten eine Wochenendresidenz am Meer, eine riesige Jacht, eine opulente Ferienvilla im Süden, etliche Ländereien in Übersee, Kanada etc. Mein Vater war in der ganzen Welt unterwegs, selten real anwesend. Zugleich war er in seiner Abwesenheit überpräsent, er beeinflusste uns maßgeblich, war der Dreh- und Angelpunkt unseres Lebens. Er war für meine Brüder und mich ein Held, der da draußen in der Welt als bekannter Schönheitschirurg und Antreiber sozialer Projekte riesige Erfolge und öffentliche Bewunderung einheimste, scheinbar unermüdlich die Welt verbesserte. Sein Glanz schien auf uns alle abzufärben. Das hat mich natürlich geprägt, mich ausgemacht. Ich hatte den Eindruck, etwas wert zu sein, weil ich zu dieser besonderen Familie gehörte, ein Kind dieses Heldenvaters war. Uns wurde durch unsere Mutter vermittelt, wie dankbar wir sein müssten, einen solchen Vater zu haben, finanzierte er schließlich unseren hohen Lebensstandard.

Meine Mutter bewunderte meinen Vater für seine Klugheit und seine akademischen Würden. Sie war zugleich viel allein, mit der Erziehung von uns drei Kindern komplett überfordert, sie schrie oft, schlug manchmal zu – sie schien unglücklich, wie eine Gefangene im Luxuskäfig. Sie versuchte Vaters Abwesenheit zu entschuldigen und auszugleichen, brachte ihn etwa permanent durch ihre Erzählungen von seinen Wundertaten in unserem Alltag ins Spiel, manchmal aber auch als strafende Instanz, Richter etc. Wenn mein Vater zu Hause war, solidarisierte er sich absolut mit uns Kindern: Meine Mutter war fortan die Schuldige, Versagerin, Feind. Wir liebten ihn umso mehr. Ich habe mich immerfort unendlich nach ihm gesehnt. Er schien unerreichbar fern auf einem hohen Sockel.

Mein Vater brauchte permanent Bestätigung. Er konnte in seiner charismatischen Art Menschen schnell für sich gewinnen. In seinen eigenen Ansprüchen war er eher bescheiden. Auch das nahm viele Menschen für ihn ein. Der Herr Doktor, und sooo bescheiden. In seiner Freizeit umgab er sich gern mit Leuten, die im Status unter ihm standen, die sich dann von ihm erwählt fühlten, ihn bewunderten und bei denen er als Gönner auftrat. Unter Seinesgleichen, etwa anderen hochgestellten Akademikern, fühlte er sich eher unwohl; vielleicht wurde er da weniger gefeiert.

Als Kind haben mich lediglich die Besuche meiner Eltern beim Steuerberater kurzzeitig irritiert. Diese verliefen immer gleich: Vater und Mutter kamen mit gesenkten Köpfen nach Hause, teilten uns Kindern mit, dass wir nun mal etwas sparen müssten. Zwei Stunden später schien das vergessen, dann gingen wir erstmal wieder richtig toll essen, natürlich in einem sündhaft teueren Restaurant. Ich bekam es nicht zusammen und dachte dann auch nicht mehr an die eventuellen Finanzprobleme, die es doch nicht zu geben schien?! Und die es, wie ich später feststellen musste, immer schon massiv gegeben haben musste. Wir lebten jedoch weiter die Glanzfassade. Die Atmosphäre zu Hause war meist gereizt, nebulös, angespannt. Wohl gefühlt habe ich mich selten.

Massiv deutlich wurden die Probleme erst, als ich etwa dreißig Jahre alt war. Mein älterer Bruder teilte mir damals mit, dass das Finanzamt gepfändet habe, man wolle einiges auf meinen Namen »verschwinden« lassen. Ich fiel aus allen Wolken: Ein Imperium schien von einem Moment auf den anderen zusammenzubrechen wie ein Kartenhaus. Ich kam nicht mit. Ich konnte es nicht fassen. Ich konnte und wollte nicht realisieren, dass die finanzielle Krise diesmal nicht nur vorübergehend war.

Ich bat meinen Vater um Geld für meine Familiengründung: Er konnte mir nichts geben. Mein Selbstbild erhielt eine weitere tiefe Erschütterung: Ich war also plötzlich doch keine gute Partie mehr!? Und nun war ich sogar froh, dass mein Partner mich »schlechte Partie« dennoch heiraten wollte – ich glaube, ich war ihm deshalb in Schuld und Dankbarkeit ähnlich ergeben wie früher meinem Vater. Parallel ging die Ehe meiner Eltern auseinander. Mein Vater war nicht einmal mehr in der Lage, meiner Mutter Unterhalt zu zahlen. Sie musste soziale Unterstützung in Anspruch nehmen. Etwas, was in unserer Familie als undenkbar gegolten hatte.

Ich rang fortan um meine Identität: Ich fühlte mich, als wäre ich Jahrzehnte auf Highheels gelaufen und trüge plötzlich »olle Pantoffeln«. »Wenn ich nicht weiß, wer mein Vater wirklich war, wer bin dann ich?«, war die Frage, die mich nicht losließ. Immer deutlicher wurde, dass mein Vater offenbar wild spekuliert hatte. Wir, seine Familie, mussten diese Wahrheiten detektivisch herausfinden, gesprochen hat mein Vater darüber nie. Am Anfang hatte er offenbar mit seinen finanziellen Transaktionen noch Erfolg gehabt, die Zinspolitik war zu seinen Gunsten gelaufen. Am Anfang hatte er wohl klein »gespielt«, später immer größer. Er war dann offenbar nicht mehr zu stoppen, hing wie ein Süchtiger an der Nadel. Als meine Mutter ihn nicht mehr bewunderte und sich seinen Spekulationen entgegenstellte, ihn begrenzen wollte, suchte er sich eine Geliebte, mit der er weiter in seiner Spekulations-Welt des Größenwahns lebte und die ihn, so als sei nichts geschehen, wie einen großen erfolgreichen Mann verehrte. Ich hatte manchmal das Bild, die beiden betrieben so etwas wie ein Wettbüro, mit dem sie permanent in größter Spannung beschäftigt waren.

Mein Vater hat seinen Abstieg hartnäckig ignoriert. Er sprach immer weiter von einem vorübergehenden Engpass. »Morgen kommt die Million!« wurde sein Standardspruch, den er selbst zu glauben schien. Er versuchte dann sogar, uns Kinder in seine dubiosen Aktionen zu ziehen. Mein älterer Bruder hatte sich ganz mit ihm verstrickt, war in seine Kliniken mit eingestiegen und verleugnete den Verfall des Imperiums lange genauso wie mein Vater. Mein Bruder hatte auch spekuliert, um, wie er sagte, irgendwie zu retten, was noch zu retten war. Am Ende blieb nichts! Sie hatten anscheinend das Finanzamt so lange hingehalten, bis mit einem Schlag alle Immobilien und Ländereien gepfändet wurden. Mein Vater wirkte zu diesem Zeitpunkt auf mich wie ein Irrer. Er redete nur noch von einem Fürsten, mit dem er befreundet sei, und dass dieser ihm und uns bald das zustehende Geld überweisen würde. Mein Vater gab das Spekulieren nicht auf, er schien im Gegenteil noch risikofreudiger zu werden. Gestoppt hat ihn nur eine schwere Erkrankung. An den Auswirkungen tragen wir in der Familie alle bis heute, jeder auf seine Weise. Ich glaube, dass mein jüngerer Bruder an diesem Vaterbild zerbrochen ist: zuerst an diesem Druck, so gut zu werden wie er, und dann am Verlust des Ideals, die öffentliche Demontage! Mein jüngerer Bruder wurde psychisch krank und konnte nie einen Beruf ausüben, ein Sozialfall – ein unfassbarer Abstieg, den auch er nie wirklich verwunden hat. Ich war nun sehr dankbar, dass ich, obwohl dem keine Bedeutung zugemessen worden war und Frauen in meiner Familie aus Statusgründen nicht arbeiten sollten, doch einen Beruf erlernt hatte: Ich hatte, wie sie es nannten, meinen »pädagogischen Fimmel« ausgelebt und war Grundschullehrerin geworden. Das hatte in meiner Familie wenig Beifall gefunden – war ja auch in ihren Augen nichts Besonderes. Über den Untergang unseres großen Namens und die Verluste wird in unserer Familie nicht gesprochen. Vielleicht ist die Scham zu groß. Ich bin sicher, dass mein Vater eigentlich ein guter Vater sein wollte und wirklich hohe Ideale gehabt hatte – und doch hat er später kriminelle Dinge getan, Konten veruntreut usw. Dieser Werteverfall beschäftigt mich bis heute ebenso wie die Scheinhaftigkeit, in der wir aufgewachsen sind. Ich tue mich bis heute schwer, so etwas wie Urvertrauen zu haben. Ich lebe sehr sicherheitsorientiert. Ich bin stolz darauf, dass Geld für mich wenig Bedeutung hat: Niemals ist Geld haben für mich gleichgesetzt mit Glück – Glück ist für mich vielmehr innere Zufriedenheit, sich mit seinem Inneren verbinden, authentisch und echt sein. Geholfen hat mir eine mehrjährige therapeutische Aufarbeitung. Hier konnte ich meine eigene Wahrheit über meine Familie finden. Es war ein Geschenk zu bemerken: Ich bin nicht mein Status, ich bin mehr als mein Status. An diesem Punkt ist mein Vater, glaube ich, steckengeblieben. Ich denke, dass mein Vater uns für sein Ego brauchte: »Ich werde über alles geliebt, weil ihr alle von mir abhängt. Nur durch mich seid ihr, was ihr seid!« Ich freue mich, auch wenn ich dafür mehrere Jahrzehnte gebraucht habe, dass ich es trotzdem geschafft habe, auf eigenen Füßen zu stehen.

Kommentar

Das Thema Spekulationssucht gerät in Deutschland, nicht zuletzt durch einige prominente Fälle, erst in jüngerer Zeit in den öffentlichen Fokus.

Die Suchterkrankung kommt hier in einem für viele Menschen vielleicht untypisch anmutenden Gewand daher: gut situiert, reichlich mit Statussymbolen ausgestattet, intellektuell kompetent, redegewandt mit besten Umgangsformen. Am Klischee des »kaputten Junkie« Orientierte werden an der Nase herumgeführt.

Noch kaum erforscht sind die Auswirkungen auf die mit betroffenen Kinder und Angehörigen. Als Form pathologischen Wett- und Glücksspiels einzuordnen, wird Spekulationssucht umgangssprachlich als Spielsucht bezeichnet. Bei dieser nichtstoffgebundenen Sucht ist die Droge letztlich nicht das scheinbar im Vordergrund stehende Geld, sondern vielmehr der spannungsreiche Kick zwischen Gewinn und Verlust, endend oft in tiefen Verzweiflungsphasen, die sogar in illegaler Geldbeschaffungskriminalität münden können. Je höher die Summen, desto größer der euphorische Kick: Spekulationssüchtige wie Herr T. fühlen sich in ihren strategischen Aktionen Feldherren und Machthabern gleich. Wie auch im Falle von Frau T.s Vater zu sehen, ist die Möglichkeit, diese Sucht zu verheimlichen, besonders groß, da finanzieller Erfolg zu den gesellschaftlich anerkannten Verhaltensweisen gezählt werden muss (im Gegensatz etwa zum Konsumieren von Alkohol und Drogen): Angehörige bemerken diese Form der Sucht oftmals erst, wenn das finanzielle Desaster fortgeschritten ist und sie selbst bereits unmerklich mit in existentielle finanzielle Nöte geraten sind. Das Kreisen um finanzielle Transaktionen kann wie alle Süchte mit starken Persönlichkeitsveränderungen einhergehen – eklatant auch Realitätsverluste: Herr T. träumt von »fürstlicher« Unterstützung.

Die Folgen der Suchterkrankung sind bei Spielsüchtigen oft über Jahrzehnte nicht greifbar und bestimmen doch massiv das Leben aller: Die Familienmitglieder reagieren unterschiedlich, gemeinsam ist ihnen das Verstummen und sprachlos Werden, gemeinsam werden sie unmerklich zu Opfern des väterlichen Betrugs. Der Vater kreist so sehr um seine Finanzgeschäfte, dass er kaum noch Zeit für seine Familie aufbringt. Er baut abhängige Beziehungen zu ihnen auf, die vor allem auf seiner finanziellen Zuwendung basieren – wie viele Spekulationssüchtige scheint er wenig beziehungsfähig zu sein. Zugleich wächst bei betroffenen Kindern die Sehnsucht nach dem unerreichbaren Vater ins Unermessliche.

Im Alter von nicht einmal 13 Jahren wird Frau T. vom Vater eine sichere Zukunft in Aussicht gestellt, in der es ihr scheinbar an nichts fehlen wird. Diese Aussicht ist väterlicherseits verbunden mit der Erwartung, dass Frau T. sich vertrauensvoll auf diese Aussage verlassen wird, ihre eigene berufliche Entwicklung außer Acht lassen und sich, auch einem damals gängigen Frauenbild entsprechend, gutgläubig in die für sie vorgesehene Frauen-Rolle der »guten Partie« begeben wird. Spätestens hier wird deutlich, wie die tabuisierte und vom Vater verleugnete Spekulationssucht massiv in die Lebensgestaltung der betroffenen Tochter hineinspielt: Ihr eigener Vater kreiert vermeintliche Sicherheit in einer Scheinwelt, an die er selbst glaubt.

Alle in der Familie verlieren: die Mutter, die sich um die Kinder kümmert, ist überfordert, bekommt keinen Dank und gerät ebenso an den finanziellen Rand wie ihr jüngster Sohn. Als die Mutter den Schein nicht mehr aufrecht erhält, sich seinen Aktionen entgegenstellt, wird sie ausgetauscht gegen eine Frau, die das Selbstbild des Vaters mit erhält. Jedes Kind wählt eine andere Bewältigungsstrategie, auch Coping genannt: Der ältere Bruder eifert dem Vater nach, der jüngere schafft die Abkehr nur schwer. Frau T. geht eigene Wege.

Frau T.'s Geschichte löst vielfältige Gefühle in mir aus, vor allem jedoch ein Gefühl, das sie selbst gar nicht benennt: Trauer. Wie schwierig, als Kind traurig zu sein in einer Welt, die, betrachtet man das Äußere, nach Dankbarkeit und Zufriedenheit schreit. Prinzessinnengleich im glanzvollen Luxus und doch einsam, unsicher und sich fremd fühlend – scheinbar grundlos! Massive Selbstzweifel sind für derart Betroffene die Folge: Wie undankbar bin ich, denken sie, wo es mir doch eigentlich gut geht und mir das Paradies auf Erden angeboten wird. Betroffene Kinder wie Frau T., tun sich oft schwer, eine sichere Identität zu finden – eine Lebensaufgabe: ihr Selbstwert hat so viele empfindliche Schläge erlitten, einhergehend mit dem Schuldgefühl, nichts bemerkt zu haben, sowie der großen Scham des Unterganges vor dem öffentlichen Auges. Die Familie ist verwirrt, leidet lange stumm, sprachlos – die auftretenden kurzen Irritationen sind kaum in das inszenierte Gesamtbild zu integrieren. Betroffene leiden folglich unter einer Bewertungs- und Werteverunsicherung, bei der sie Orientierung und Unterstützung, oftmals therapeutischer Art, benötigen. Frau T. gelingt es, dem Wertesystem der Herkunftsfamilie entgegen, Eigenes aufzubauen. Sie steht, nicht zuletzt durch ihren Beruf und der Abkehr von der »Geldwelt«, auf eigenen Füßen.

2.2 Suchtkinder zwischen Abschied und Neuanfang

Manchmal sind die Belastungen durch Suchterkrankungen in den Familien so groß, dass Trennungen, Abschiede und räumliche Distanzierungen als notwendige Schritte zu einem lebenswerteren Leben erscheinen. Außenstehenden werten diese Trennungen als »selbstverständlich« – sie können oftmals kaum nachvollziehen, wie schwer die Lösung aus einer verstrickten Suchtfamilie für Betroffene ist, warum etwa erwachsene Suchtkinder über Jahrzehnte fortgesetzt schlechte Behandlung durch ihre Eltern in Kauf nehmen. Die Option der Distanzierung, selbstbestimmt zu wählen, erscheint für viele Suchtkinder als entscheidender Schritt, sich zu retten und vor Schlimmerem zu bewahren – fast immer ist er jedoch von Zweifeln und Schuldgefühlen begleitet. Fast immer konkurriert die Sehnsucht nach Befreiung mit der Sehnsucht nach einem intakten Zuhause. Der Wunsch, die Liebe der Eltern doch noch zu erhalten, konkurriert mit der Angst vor dem Alleinsein und Ausgegrenzt-Sein aus dem Familiensystem. Autonomiebestrebungen und die Einnahme eines eigenen Standpunktes drohen familiären Ausschluss einzuschließen. Schritte in eine Loslösung zeigten sich bei allen Suchtkindern von großer Ambivalenz begleitet. Diese zeigte sich auch, wenn die Herausnahme aus der Familie von offiziellen

Stellen angewiesen worden war, etwa wenn in Familien Mehrfachbelastungen aufgetreten und kindliche Grundbedürfnisse völlig aus dem Blick der Eltern geraten waren.

Elterliche Trennung, und die damit verbundene Distanz vom Süchtigen wurde unterschiedlich erlebt: sie konnte ein Segen für Suchtkinder sein, da sie sich mehr entlastet fühlten, wenn das Suchtverhalten nicht mehr mitgetragen werden musste. Zugleich litten sie oftmals dennoch unter der Trennung vom erkrankten Elternteil. Auch das vorher Erlittene und die weitere Familiendynamik schienen in besonderer Weise weiterhin ungut verwoben zu sein. Durch eine räumliche Distanzierung scheint die innere Trennung längst nicht vollzogen zu sein. Dies schildern Betroffene im Folgenden eindrücklich.

Auch mit Abschiednehmen durch den Tod des Suchtkranken sehen sich Suchtkinder zum Teil abrupt konfrontiert – ein Ereignis, das viele meist ein Leben lang quälend beschäftigt. Eine Versöhnung mit dem Suchtkranken, nach seinem Tod, scheint – allen unverständlichen Blicken von Außenstehenden zum Trotz – für manche Suchtkinder ein zentraler Schritt in ein neues, zufriedeneres Leben zu sein. Die hier ausgewählten Erzählungen von Suchtkindern, die sich auf eigenen Wunsch oder durch Lebensereignisse lösten, mögen in all ihrer Tragik auch als Zeugnis der Kraft des »Dennoch« gelesen werden.

»Da war ich mir zum ersten Mal wichtiger als die anderen!«

Frau N., 22 Jahre, Tochter eines alkoholkranken Vaters und einer an Borderline erkrankten tablettenabhängigen Mutter / Heimunterbringung auf eigenen Wunsch

» *Wenn ich es nicht aushielt zu Hause, dann musste ich laufen oder ich setzte mich auf meinen Roller – ich musste dann Tempo spüren, rasante Kurven fahren, bis ich mich so richtig spürte – ich bin auch erstaunlicherweise nie verunglückt, obwohl es schon ein bisschen gefährlich war, was ich tat. Ich stellte mir auch vor, wie die anderen mich bewundern, die Jungen guckten, dass ich so rasant fahre. Einmal raste ich wieder so vor mich hin, obwohl es eisig war – plötzlich merkte ich, wie idiotisch das war, durch die Kälte zu fahren und auch noch so gefährlich zu rasen. Da war auf einmal so was wie eine innere Stimme, die sagte »Stopp!« Auf einmal war es mir egal, wie die anderen mich fanden, was sie über mich dachten. Ich bin dann erstmal abgestiegen, ich zitterte richtig. Dieser Moment war wie eine Erleuchtung: Es gibt mich. Da war ich mir zum ersten Mal wichtiger als die anderen – da wusste ich, dass die Erfahrung, die ich gemacht hatte, etwas genutzt hat. Warum hat mir das 16 Jahre keiner beigebracht? Vorher hatte ich mich oft geritzt. Das war heftig, meine Mutter mit leerem Blick im Wohnzimmer, voll gedröhnt mit irgendwelchen Psychopillen, damit sie ruhiger wurde; mein Vater mit seinen Bieren machte ihr Vorwürfe, dass sie das Zeug nahm und sich nicht um uns kümmerte. Ich hätte dann am liebsten immer nur laut geschrien, dass mein Vater den Krawall mit ihr aufhören soll, weil sie doch eh nicht mehr konnte. Ich fand es besser, wenn er mich anschrie als meine kaputte Mutter. Bei ihr wusste man nie, ob sie heute die Liebevolle ist, oder wie eine furchtbare Hexe oder ob sie auch gar nicht mehr leben wollte und alles und jedes zunichte machte – mich inbegriffen. Erst in meiner eigenen Therapie bemerkte ich, dass ich das nicht ändern kann zu Hause. Und als ich das so richtig verstanden hatte und anfing, auch mit anderen Menschen darüber zu reden, was bei uns so abging, da wurde es langsam besser. Ich weiß jetzt: Ich habe ein Recht auf ein eigenes Leben und das lasse ich mir nicht von denen zerstören. Da habe ich dann die Kraft gehabt und bin zu Hause raus. Eine Freundin meiner Mutter hat dafür gesorgt, dass ich erst einmal bei ihr wohnen konnte und dann in einer Heim-Wohngruppe. Ich kann nicht sagen, dass das Heim das Paradies gewesen wäre, aber es war okay. Ich bekam Essen und regelmäßig Taschengeld und konnte mal an Lernen denken. Als könnte ich mich zum ersten Mal um mich kümmern. Das ging vorher gar nicht. Meine Eltern haben dann öfter im Heim angerufen, mich beschimpft, mir am Telefon die Schuld gegeben, dass sie weniger Geld hätten, ohne das Kindergeld für mich. Sie gaben mir überhaupt an allem*

Schlechten die Schuld. Manchmal war meine Sehnsucht nach zu Hause trotzdem groß. Ich wusste, ich kann zurück, wenn ich sage: Ja, ich bin an allem Schuld, ich bin ein schlechtes Kind und ihr habt alles für mich getan. Ich hätte mich und meine Gefühle komplett verleugnen müssen, dann wäre das gegangen. Der Preis war mir zu hoch.

Kommentar

Frau N. bemerkt nach einer »Erleuchtung«, wie sie es nennt, dass in ihrem Leben etwas falsch läuft. Neben all den Erkrankten und Bedürftigen in ihrer Familie droht sie sich selbst verloren zu gehen. Alle sind wichtiger als sie selbst und ihr eigenes Wohlergehen. Selbst die Ausbrüche des Vaters zieht sie lieber auf sich, als hilflos zuzusehen, wenn ihre Mutter sich nicht mehr wehren kann – obwohl die Mutter in bestimmten Phasen ihrer Borderline-Erkrankung ihre Tochter »zunichte« macht. Häufig werfen sich Kinder zwischen die streitenden Eltern. Sie lassen sich wiederholt als Sündenbock behandeln, während sie eigentlich versuchen, die in der Krise Befindlichen zu stützen und retten. Ein anrührendes Unterfangen, das ihnen jedoch in der Familie in der Regel nicht gedankt wird!

Für Kinder, die in Familien leben, in denen beide Elternteile an einer Suchterkrankung oder/und an weiteren schweren Störungen leiden, ist die Situation besonders schwierig. Diese Mehrfachbelastungen bergen, wie Forschungen belegen, ein hohes Risiko für betroffene Kinder, selbst zu erkranken. Das gleichzeitige Auftreten von Suchterkrankung und psychischen Erkrankungen ist nicht selten anzutreffen, fachsprachlich wird es mit dem Begriff der Comorbidität bezeichnet. Insbesondere Depressionen und Borderline-Erkrankungen treten oft gemeinsam mit Suchterkrankungen auf. Oft ist dann nur noch schwer auszumachen, was Ursache und Folge ist, die berühmte Frage nach Henne und Ei bleibt auch hier meist unbeantwortet. Zentral für die mit betroffenen Kinder ist die erhöhte, kaum noch tragbar erscheinende Belastung. »Ritzen« und »Rasen« scheinen hier stumme Hilfeschreie für all das, das Frau N. nicht mit Worten fassen kann. Wie gut, dass Frau N. trotz ihrer schlechten Beziehungserfahrungen in ihrer Familie den Mut aufbringt, therapeutische Hilfe anzunehmen. Hier lernt sie offenbar, erstmals ihre eigenen Interessen in den Mittelpunkt zu stellen. Frau N. schafft im Zuge dieser Therapie im jungen Erwachsenenalter eine Loslösung von der Familie. Sie scheint ihre Stärken nutzen zu können, um ein neues Leben zu gestalten, in dem die Eltern zunächst einmal nicht mehr im Mittelpunkt stehen. Ein bewundernswerter Schritt.

»Für mich bist du einfach mein Papa, den ich lieb hab!«

Nana, 24 Jahre, Tochter eines verstorbenen alkoholerkrankten Vaters. Brief, den sie als 16-Jährige verfasste.

»*Lieber Papa,*
bestimmt wunderst du dich, dass ich dir jetzt schreibe! Gesprochen habe ich ja ganz oft mit dir und ich meine immer, dass du das hörst, da im Himmel. Ich stelle mir das jedenfalls so vor und glaube fest daran. So siehst du jetzt bestimmt auch den Brief. Es ist wichtig für mich, mit dir immer noch sprechen zu können, obwohl du ja jetzt schon acht Jahre tot bist. Das finde ich eine unendliche Zeit und irgendwie auch kurz. Ich denk jeden Tag an dich. Weißt du, Papa, ich möchte gerne, dass du wieder hier wärst, weil ohne dich fühle ich mich so allein. Natürlich habe ich Freunde und Mama – aber ich habe mich immer so wie du gefühlt. Ich bin froh, dass ich das Foto von dir habe, auf dem wir zusammen sind – es ist das einzige. Mama hat in ihrer Wut die anderen alle zerrissen, als du wieder so schlimm getrunken hattest, hat sie erzählt. Wenn ich Mama nach dir frage, dann wird sie immer ganz still und ich weiß dann, dass ich besser nicht mehr frage. Das Blöde ist, dass ich mich an das Trinken fast gar nicht mehr erinnern kann – für mich bist du einfach mein Papa, den ich lieb hab.
Ich bin traurig, dass du tot bist, du, ich habe auch noch immer nicht so richtig verstanden, warum du gestorben bist. Irgendwie, weil du zu viel

getrunken hast, das habe ich verstanden, aber warum genau, nicht. Und, Papa, warum hast du denn soviel getrunken? Ich habe jetzt auf einer Party auch schon mal Bier getrunken- ich wollte auch gerne mal ausprobieren, wie das ist, aber es hat mir gar nicht geschmeckt. Ich kann mir das gar nicht vorstellen, dass du daran gestorben bist. Und ein bisschen Angst macht mir das auch, denn du weißt ja, wie ähnlich wir uns sind. Deshalb fehlst du mir so. Mama hat jetzt ja den Bernd und ich bin froh, dass sie den hat, alleine sein kann sie nicht gut, du weißt. Ich mache jetzt eine Therapie, deshalb schreibe ich auch. Meine Therapeutin meint, ich soll dir mal erzählen und dir sagen, was mich beschäftigt. Das ist ein bisschen komisch, aber auch schön, jetzt so in Ruhe mit dir zu sprechen. Ich weiß, dass du mich lieb hast.

Sag mal, Papa, hatte das eigentlich irgendwas mit mir zu tun, dass du getrunken hast? Vielleicht habe ich ja gar nichts von dir mitbekommen und ich hätte was merken müssen, dass du unglücklich warst oder so. Ich sehe dich immer noch mit deiner grünen Hose, wie du an dem Motorrad bastelst im Schuppen und ich fand das so toll, wenn ich die Schrauben angeben durfte. Wir sind nie gefahren, obwohl du mir das versprochen hast, weißt du das? Denn irgendwie ist sie ja nie fertig geworden, die Karre, wie du immer gesagt hast. Ich überlege, den Motorradführerschein zu machen, dann nehme ich dich in Gedanken mit, Papa.

Mit Oma kann ich auch nicht über dich sprechen, die weint dann sofort – ich bin froh, dass das mit der Therapeutin geht – sie hört einfach zu und sie wollte auch gern ein Foto von dir sehen. Sie findet, du siehst lieb aus. Das finde ich gut, denn Mama sagt, dass du überhaupt nichts gemacht hast zu Hause, immer nur rumgelegen hast und irgendwie sauer warst. Warst du auf irgendwas bei mir sauer, Papa? Ich hoffe sehr, dass du das liest und ich irgendwie Antwort kriege. Ich habe ja jetzt so oft von dir geträumt, vielleicht klappt das ja so.

Ich hab dich lieb und bis bald,

Deine Nana

Kommentar
Ein häufig verschwiegenes und ausgeblendetes Thema in der elterlichen Suchtbelastung ist die Nähe zum Tod. Das erhöhte Risiko, an der Suchterkrankung oder ihren Folgen (auch in Form von Selbsttötung / Suizidalität) zu versterben, ist vielen Suchtkranken gleichsam immer im Gepäck. Diese Tatsache wird jedoch meist vom Süchtigen selbst ebenso wie von den Angehörigen verdrängt. Die tödliche Gefahr hält oftmals jedoch gerade die Kinder der Süchtigen bis ins hohe Alter in Daueranspannung. Die mit vielen Suchterkrankungen einhergehenden abrupten Stimmungswechsel sowie die Unberechenbarkeit des Verhaltens unter Suchteinfluss stellen eine besondere Gefährdung zur Selbsttötung dar. Nicht selten meistern Suchtkinder, die schon Jahrzehnte nicht mehr gemeinsam mit den Eltern leben, weiterhin existentielle Bedrohungssituationen. Sie stehen als Erwachsene weiterhin in ständiger Rufbereitschaft, um schnell zur Stelle sein: um zu retten, Todbringendes zu vermeiden oder sie müssen, wie hier bei Frau L., den frühen Tod des Vaters nachträglich verarbeiten. Noch knapp 20 Jahre nach seinem Tod weiß Nana L. nur weniges über die Umstände, durch die ihr Vater verstarb – sie weiß nur durch Recherche bei Verwandten, dass es wohl ein Leberleiden gegeben hatte, das aus Alkoholismus resultierte. Nach dem Tod des Vaters mag ihre Mutter nicht mehr über seinen Tod sprechen, zu beschämend die Begründung in der Suchterkrankung, zu ungeklärt die Beziehungen zwischen den Eltern. Frau L.s Mutter möchte, all zu verständlich, mit diesem dunklen Kapitel in ihrem Leben abschließen (eine neue Partnerschaft ist begonnen) – ihrer Tochter ist dies bis heute nicht möglich.

Frau L. tut sich schwer, ein gutes Leben zu führen. Es beunruhigt sie jeden Tag, raubt ihr den Schlaf, nichts Genaueres über die Suchterkrankung mit Todesfolge zu wissen, nicht zu wissen, was ihr Vater dachte und fühlte, nicht ergründen zu können, warum er nicht »leben« konnte. Es scheint für Frau L. ein guter Weg zu sein, dem toten Vater Briefe zu schreiben. Darüber wird die ersehnte Kommunikation auf ungewöhnlichem Wege möglich – ihr Weg, nach dem Tod Zugehörigkeit und Verbindung zum Vater zu finden. Tod nach Suchtmittelgebrauch wirft in besonderem Maße Schuldfragen auf. Frau L.s Frage: »Warst du auf etwas sauer, Papa?« zeigt, wie tief sitzend die Schuldfrage auch so viele Jahre nach dem Tod noch bewegt – vorherrschend Frau L.s sehnlicher Wunsch, eine Auflösung zu finden, die die eigene Unschuld an der Suchterkrankung und Aufklärung über den Tod und seine Umstände bringen möge. Bis heute überfällt Frau L., und so ergeht es vielen Suchtkindern, immer wieder eine tiefe, unbestimmte Traurigkeit, die sie lange unerklärlich findet – und der sie einfach entkommen möchte. Eine therapeutische Aufarbeitung der Kindheitsereignisse scheint möglich und dringend angezeigt.

»Trotz-dem! ... Ich muss nach oben!«

Frau D., 53 Jahre, Tochter einer mehrfach belasteten Familie, lebte nach Trennung der Eltern zeitweise auf der Straße

»*Heute empfinde ich Glück und Dankbarkeit. Glück ist für mich, dass ich die Vielfältigkeit der Schöpfung wahrnehmen kann, Blumen in ihren Formen und Farben. Früher hatte ich dafür keinen Blick, allzu sehr war ich damit beschäftigt, wie ich flüchten könnte oder wo ich für die Nacht einen Unterschlupf fände. Das größte Glück ist, dass ich heute fühle! Es sind diese Augenblicke, in denen ich bewusst fühle, dass ich fühlen kann, insbesondere, wenn ich kreativ bin, und wenn ich mich in der Natur bewege – dann fühle ich mich zu Hause.*

Wenn ich meine Kindheitsgeschichte heute erzähle, dann fühlt sich das so an, als wäre das nicht ich, von der ich da erzähle, oder als hätte das nichts mit mir zu tun – auch das ist ein Glück – dieses Grauen ist weit von mir weggerückt. Ich kann und will mich distanzieren. Manchmal gibt es durch bestimmte Sätze Anknüpfungen in meine Vergangenheit, dann empfinde ich panisch: »Ich bin hier fehl am Platze!«, »Ich bin nicht richtig!«, dann muss ich auch heute noch weg, brauche Raum und Zeit für mich.

Ich bin heute Akademikerin! Ja, das ist mir wichtig. Ich habe ein Haus mit Garten, das mir gehört. Man nennt mich Führungskraft. Ich muss nicht mehr fliehen und mich verstecken. Oh, und noch heute überrascht es mich manchmal, dass ich freundlich und zuvorkommend bedient werde. Nein, selbstverständlich war das lange Zeit für mich nicht. Ich brauche keine Angst mehr zu haben. Ich springe nicht mehr morgens aus dem Bett an das Fenster, um mich zu vergewissern, dass die Häuser noch stehen und nicht alles verbrannt, zerstört und zerbombt ist. Ich brauche keine Angst mehr zu haben, dass ich von der Polizei geholt werde, wenn ich etwas länger vor einem Schaufenster in der Stadt stehe, keine Angst haben vor Postboten, die schlimme Briefe bringen. Ich bin nicht mehr die »Babynutte«, die den Tag fürchtet und sich erst in der Nacht bewegen darf.

Ich bin nicht mehr die »Schulschwänzerin«, die Sitzenbleiberin, die »intellektuell Zurückgebliebene an der Grenze zur Debilität«, und die immer wieder von der Schule fliegt – damals ein hoffnungsloses Objekt für die Fürsorgerin und die Kriminalpolizei.

Nein, ich kann heute immer noch schwer erzählen, wer ich war – zu groß ist die Scham. Auch meine Leistungen muss ich für mich behalten. Ich kann nicht damit prahlen, denn heute bin ich einfach nur durchschnittlich, unauffällig, farblos und unscheinbar – was für ein Glück!

Ja, ich bin glücklich, sehr glücklich!!

Als ich fünf Jahre alt war, flohen wir bei Nacht vor meinem trinkenden Vater. Es war auch interessant und aufregend, zumal mein Vater Randale machte, meine Mutter mit dem Messer bedrohte. Ich musste über ihn hinwegsteigen auf dem Weg zum Auto. Er lag vor der Treppe, volltrunken und schnarchend. Ich, siebtes, lebend geborenes, weibliches Kind einer 40-jährigen Mutter, die weder über Ausbildung noch über einen Beruf verfügte – in meiner heutigen Terminologie würde man sie als extrem co-abhängig bezeichnen. Vater Reisevertreter. Seine Lebenslust waren Alkohol, Sex und Alkohol. »Häusliche Gewalt« kannte man damals nicht. Dass er seine Söhne mit der Peitsche disziplinierte, war rechtens. Ich überlebte zwei Abtreibungsversuche. Mein Indianername ist »trotz-

dem«, immer noch! Vielleicht klingt meine Geschichte heftig, aber glauben Sie mir, ich erzähle längst nicht alles, weil ich erfahren habe, dass meine Geschichte, wenn ich sie ganz und gar erzähle, für die meisten Menschen nicht aushaltbar ist. Sogar in der Therapie wollte die Therapeutin es nicht hören: Sie wollte mir kurzerhand »Psychosen« andichten, um mich an den Psychiater zu überweisen. Die Therapeutin, das weiß ich heute, hielt es nicht aus, das Schreckliche anzuhören. Aber weiter: Meine Großeltern wollten uns nicht. Ihre Tochter, meine Mutter, ja, die sollte den Haushalt machen und den kranken Bruder pflegen, aber ihre Kinder störten. Für mich war es das Beste, nicht da zu sein und mich nicht blicken zu lassen, also stromerte ich durch die Lande. Den Anspruch, nicht bemerkbar zu sein und pünktlich zu erscheinen und sofort da zu sein, wenn man mich rief, konnte ich nicht erfüllen. Also schlug mich mein Großvater, also war ich noch mehr weg, also schlug er mich noch mehr, also lief ich noch weiter weg und dann schlich ich mich nur ins Haus und aus dem Haus, bis sie mich aufgaben. Mein Weg führte durch das Zimmer meines gelähmten Onkels. Der Preis für sein Schweigen war, dass ich nackt für ihn tanze und ein bisschen mehr. In meinem kindlichen Leichtsinn fuhr ich zur Polizei, als ich die erhaltenen fünf DM verloren glaubte, in der Hoffnung, dass ein ehrlicher Finder sie dort abgeben würde. Nein, sie waren nicht abgegeben worden. Ich war 10 Jahre alt. Die fünf DM gehörten der Frau des Kioskbesitzers, die mich einkaufen geschickt hatte. Bei ihr las ich Micky Maus und Fix und Foxi kostenlos, etwas, was ich nie hätte bezahlen können, dafür durfte der Onkel mich überall anfassen – ein guter Preis! Um einem Einfachen zu entgehen, nämlich den Verlust des Geldes einzugestehen, zettelte ich etwas Schlimmeres an. Ich fragte den Polizisten, ob man Kinder anfassen darf. Stunden wurde ich verhört und dann kam meine Mutter, mich abzuholen. Ab da war die Angst mein ständiger Begleiter. Mein erster Tag an der Höheren Schule war der Tag seiner Gerichtsverhandlung. Der Onkel ging ins Gefängnis und meine Mutter wurde verrückt und ging ins Landeskrankenhaus. Ab da war ich der Polizei bekannt.
Schulversagen, zurück auf die Hauptschule, dort nicht erschienen. Meine

Mutter glaubte, ich sei in der Schule, bis der Lehrer vor unserer Tür stand. In der Zeit habe ich alles erlebt, bis auf Mord und Totschlag, was ein Kind, eine Jugendliche, frei und unbeaufsichtigt, erleben kann.
In einem wiederkehrenden Traum lag ich auf der Straße und sah die Autos auf mich zurollen. Sie überfahren mich, aber ich spüre nichts, keine Verletzung. Ich bin unberührbar!
Ich gehe von der Schule ab. Allen ist es recht. Ich habe Arbeit in der Keksfabrik gefunden. Die Arbeit beginnt um sieben und endet um fünf, mit einer Stunde Mittagspause. Nach vierzehn Tagen wird mir mein versprochener Lohn gekürzt, weil ich nicht schnell genug bin. Ich weiß, ich werde auch dies nicht schaffen. Ich werde mich krank melden, vielleicht noch nicht mal das, und immer wieder verschwinden. Ich werde auch hier wieder versagen. Die Schule will mich nicht zurück. Ich schalte das Jugendamt ein, mir zu helfen, meinen Hauptschulabschluss zu machen. Diese Mitarbeiterin vom Jugendamt unterstützt mich auch weiterhin. Ich kann mich nicht in ihrem Büro mit ihr treffen. Ich hole sie vor ihrem Büro ab und begleite sie nach Haus – jeden Tag – jeden Tag. Sie lässt es zu und wir reden über Belangloses – mehr nicht. Mir ist es ein Geschenk, Erholung. Sie hält mich für wert, mit ihr zu gehen, sie ist mit mir auf der Straße, sie bekennt sich zu mir, indem Sie meine Nähe zulässt. Ich gehe wieder in meine Klasse, arbeite und ignoriere all die unerträglichen Sticheleien und mache meinen Abschluss so gut, dass ich in der nächst größeren Stadt am Aufbaugymnasium aufgenommen werde.
Neue Chance – Neues Glück.
Ich kann nicht jeden Tag in die Schule gehen. Ich schaffe es einfach nicht. Geboren im Haus der Angst – verlorenes Kind verlorener Eltern. Ich halte mich gerade so, dass ich mit dem Abschluss der Klasse 10 abgehen kann. Fachoberschule – ich schaffe es nicht. Schulwechsel – ich quäle mich, ich quäle mich, zwinge mich, jeden Tag zur Schule zu gehen. Ich habe keine Freunde mehr. Keine Kontakte unterstützen mich darin, die Schule zu schaffen. Ich bin allein, sehr allein.
Ein Mitschüler kümmert sich um mich. Er holt mich jeden Morgen ab. Ich reiße mich zusammen. Er stirbt an einer Kohlenmonoxidvergiftung.

Ich träume, dass ich im Kamin eines Berges gefangen bin. Hier kann ich nicht bleiben, ich muss weiter. Die Angst vor dem Abgrund lässt mich nie mehr los: Ich muss nach oben!

Ich lerne, wie ich mich motivieren kann – neugierig zu sein, Fragen zu haben und sie beantwortet zu bekommen, mich in Themen einzuarbeiten, mich mit dem, was ich tue, zu identifizieren – mir zu erzählen, dass es das Wichtigste, Liebste ist. Ich glaube mir nicht – nicht wirklich. Aber es funktioniert. Ich lerne, dass selbst Angst Schubkraft hat, auch die nutze ich. Ich muss weiter.

Fachoberschulabschluss, Studium, ich schaffe es nicht. Wiederholung! Abschluss. Arbeitslos, Sozialhilfe. Muss meine Brüder zwangseinweisen, wegen Alkoholsucht, den ersten, den zweiten und den ersten erneut. Wir hassen uns. Die Zeiten, wo wir uns aneinander geklammert haben, die Einsamkeit geteilt, uns für den Überlebenskampf gestärkt, miteinander geschlafen haben, sind vorbei. Angefüllt mit Leere zieht sie mich in ein schwarzes Loch. Ich kann mich nicht mehr halten und falle, falle, falle. Meine Mutter, die Gleichgültigkeit, trägt mich durch die Wogen der Angst und legt mich in einer Höhle ab. Stille, ich höre Stille und weiß, dass ich bei meinem Namen gerufen bin. Es ist ein namenloser Name, jenseits aller gerufenen Namen.

Ja, es ist schon erstaunlich, dass ich das alles so gut überlebt habe. Ich glaube, zentral rettend war dabei die Jugendamtsleiterin: Sie war so etwas wie Psychologin, glaube ich, und testete mich Aufgegriffene, dazwischen wartete ich auf dem nüchtern-kühlen Flur: » Du bist aber hier einsam!«, waren ihre Worte, vorbeischreitend im Dazwischen. Worte, die mich mitten ins Herz trafen. Sie sah mich, sie erfasste mich in meinem So-Sein – sie be- und entwertete mich nicht – das war etwas so Unbekanntes und zugleich soo Großes: Das öffnete unbekannte Herzenstüren. Ich wollte ein anderes Leben führen, vor allem für sie.

Ich finde Arbeit, ich bleibe dort. Ich arbeite heute wie die Jugendamtsleiterin: Was sie mir an Rettendem angeboten hat, das gebe ich auch heute weiter – das war mir lange gar nicht bewusst. Mein Leben hat heute einen Sinn, ich rette andere, wenn sie es wollen und zulassen. Ich finde langsam Sicherheit. Ich lerne, da muss ich weiter. Ich bin angekommen!

Kommentar

Eine Geschichte, die fassungslos macht … eine solche Kindheit, so wünscht man, sollte niemand erleben müssen. Wenn die Enttabuisierung eingetreten ist, Süchtigen »alles egal« geworden, dann sehen wir uns oft mit schrecklichsten Auswirkungen auf Kinder konfrontiert. Und zugleich ermöglicht Frau D.s Geschichte uns eine hoffnungsvolle Perspektive des »Trotz-dem«. Wie eine bunte Blume im zerbombten Steinbruch wächst Frau D. allen Unbillen zum Trotz: zur erfolgreichen Frau, die, wie sie beschreibt, nun alltäglich auch Glück empfinden kann.

Allzu oft, auch wenn sich der nichtsüchtige Partner trennt, das alltägliche Zusammensein mit dem Süchtigen beendet ist, ist für die Angehörigen die Belastung dennoch lange nicht vorbei. Wenn die Sucht so weit fortgeschritten ist, dass die Fassade bricht, sogar öffentliche Instanzen eingeschaltet sind, dann ist das Problem der familiären Belastung, wie wir sehen, lange nicht gelöst. In der haltlosen Folgesituation, mit der Frau D.s Mutter überfordert ist, gerät die gesamte Familie aus den Fugen. Dort, wo Hilfe erhofft wurde, kommt es zu neuerlichen Übergriffen. Frau D. will weg, zieht auf die Straße. Distanzierung wird ihre überlebens-notwendige Copingstrategie: Distanzierung von überwältigenden Gefühlswelten, Distanzierung von Menschen, die nicht gut tun, Distanzierung im letzten von einem verletzten Ich, das als nicht mehr zugehörig erlebt wird, um das Erlebte aushaltbar zu machen. Ihre Selbstattribuierungen wirken wie harte Schläge ins Selbst, sarkastisch nüchtern: noch heute ist Frau D.s Einschätzung, etwa über ihre Aussage auf der Polizeistation zum sexuellen Missbrauch, dass sie etwas »angezettelt« habe. Wie so oft wird das, was Betroffenen angetan wurde, in großer Ohnmacht in Täterschaft verwandelt.

Immer wieder müssen Gepeinigte und Traumatisierte wie Frau D. erleben, dass ihre Geschichte in ihrer komplexen Grausamkeit zu viel, zu schwer erscheint. Menschen flüchten – leider auch Therapeuten. Leider berichten Betroffene wiederholt von negativen Erfahrungen. Bei Therapeuten, die im Spezialgebiet der familiären Suchtbelastung wenig erfahren sind, ist die Tendenz zu beobachten, Suchtkinder irrtümlich mit Fehldiagnosen im Bereich der Persönlichkeitsstörungen zu belegen – eine neuerliche Verletzung an einem Ort, an dem eigentlich Verständnis und Hilfe erwartet werden kann. Frau D.s verständliche Konzentrations- und Wahrnehmungsprobleme nach Traumatisierung wurden als Intelligenzminderleistungen eingestuft.

Frau D. macht im Verlaufe ihres Lebens das unmöglich Scheinende möglich: es gelingt ihr, ein beruflich erfolgreiches und von Zufriedenheitsgefühlen geprägtes Leben aufzubauen. Insbesondere die Lösung aus ihrer Herkunftsfamilie, in welcher der Vater und später alle Brüder suchterkrankt sind, scheint rettend aus und vor dem Abgrund. Denn selbst aus solidarischen Brüdern zu Kleinkindzeiten waren neuerliche, schwer belastende Problemfälle geworden. Und wieder einmal zeigt sich die gute Begegnung mit einem einzigen zugewandten Menschen als Motor einer entscheidenden Veränderung. Von der Jugendamtsleiterin fühlt Frau D. sich zum ersten Mal anders gesehen und wahrgenommen: nicht als »Objekt«, sondern als Einsame, Verlassene. »Erfasstwerden im Sein« durch die Jugendamtsleiterin wird für Frau D. der entscheidende Motor, etwas anderes aus ihrem Leben zu machen, nicht zufällig mit einer ähnlichen Berufswahl. Wie für viele erwachsene Suchtkinder wird soziale Arbeit und helfende Hinwendung zu anderen Menschen eine Quelle sinnstiftenden Lebens.

3 Niemand ist alleine krank – der Ort Suchtfamilie

Das Vergnügen kann sich auf Illusionen stützen,
aber das Glück beruht auf der Wahrheit.
Nicolas Chamfort

Niemand ist alleine krank! Wenn ein Familienmitglied suchtkrank ist, so sind, ob sie das wollen oder nicht, alle in der Familie davon betroffen.

Wie leben Vater, Mutter und Kind(er) mit der Sucht? Die vorhergehenden Erzählungen Betroffener zeichnen ein Bild des Ortes Suchtfamilie und der Art und Weise, wie Erwachsene und Kinder miteinander leben, wie sich dieser Ort Familie unter einer elterlichen Suchterkrankung gestaltet (aktuelle Forschungsergebnisse bestätigen viele dieser individuellen Erzählungen). Verschiedene Süchte zeigen unterschiedliche Ausprägungen, vor allem jedoch viele Gemeinsamkeiten im Erleben der betroffenen Kinder. Ich stelle in diesem Buch vor allem die Gemeinsamkeiten, die zu beobachten waren, dar.

Bei allen Suchtformen werden die extremen Belastungen der Kinder und Angehörigen hartnäckig verleugnet und übersehen. Heldenhaft vermeidet man in Suchtfamilien Gefühle, die meist wenig willkommen sind. Es wird, und das mutet paradox an, extreme Energie aufgewendet, um die hohe Spannung und die extremen Gefühle, die mit den Suchtkrisen verbunden sind, zu unterdrücken und nicht sichtbar werden zu lassen. Extrembergsteiger bereiten sich jahrelang auf die Besteigung eines Extrempunktes auf dem Berg vor: Suchtkinder werden oftmals einfach in dieses Extrem hineingeboren und müssen schauen, wie sie zurechtkommen. Es handelt sich um ein unfreiwilliges Survivaltraining, um wiederholte Gipfelbesteigungen, Kämpfe in der Familienarena, alltägliches Verhindern von Sodom und Gomorrha, bei gleichzeitiger Zuschreibung, eigentlich sei doch alles in Ordnung.

Wenn der Satz »Es ist nichts!« das Leben bestimmt – der »Nicht-Ort«

In vielen Suchtfamilien ist die elterliche Sucht ein Geheimnis, über das niemand sprechen darf. Suchtfamilien leben an einem »Nicht-Ort«, wie ich ihn hier nenne. Wir begegnen in Suchtfamilien einem Paradox: Die Familienmitglieder leben an einem extrem durch die Sucht geprägten Ort, der sie maßgeblich bestimmt, und zugleich gibt es diesen Ort als Begrifflichkeit und in der familiären Wertung nicht oder zumindest soll es ihn nicht geben. Diese Tatsache bringt eine Menge Verwirrung und Schwierigkeiten in das Leben aller Familienmitglieder, insbesondere in das Leben der Kinder. In der Suchtfamilie weiß meist lange Zeit niemand genau, was gerade los ist. Das Ausmaß von Sucht und Abhängigkeit liegt ebenso im Nebel wie die Probleme, die die Familienmitglieder folglich betreffen. Die Familienmitglieder verlieren die Orientierung, sie wissen im wahrsten Sinne nicht mehr, wo sie stehen, an welchem Ort und wie dieser eigentlich aussieht. Da das Mitschweigen über das »Geheimnis Sucht« meist eine Grundvoraussetzung darstellt, um zur Familie dazuzugehören, ist es für mit betroffene Kinder oftmals bis ins hohe Erwachsenenalter äußerst schwierig, Wege der Klärung zu finden. Am Nicht-Ort finden permanent Krisen statt, die ihre Mitglieder zu ignorieren versuchen – Sucht gibt es nicht, gab es nicht, wird es nie geben – und tragischerweise wird damit zugleich das entstehende Leid verleugnet: Das Leid und den Mangel bei den mit betroffenen Kindern gibt es in der familiären Zuschreibung ebenso wenig wie die elterliche Sucht. Es geht im Inneren der Familie letztlich nur um den Süchtigen und sein Suchtmittel, um das alle kreisen – aber eben genau das, womit alle beschäftigt sind, worum alle ringen, genau das soll es nicht geben. So kommt es, dass Menschen in Suchtfamilien oftmals viel an dem Ort, an dem sie leben, fühlen, aber nicht wirklich viel über ihn wissen dürfen, bis hin zu der Tatsache, ob es diesen Ort eigentlich gibt. Bin ich in einer Suchtfamilie aufgewachsen, ist das der Ort, zu dem ich mich zählen muss oder darf? Das fragen sich viele Mitglieder von Suchtfamilien und nicht einmal das darf ihnen klar werden. Wenn die Heimat ein »Nicht-Ort« ist, wenn Menschen nicht wissen, wo und wie sie leben, wenn sie nicht genau wissen, wie der Ort ihrer Herkunft aussieht, dann kann das zu einem schweren Problem für ihre Identität werden – wie sollen sie wissen, wer sie sind, wenn sie in großer Verwirrung sind über den Ort, von dem sie abstammen. Ohne Herkunft keine Zukunft! – diesen Slogan möchte ich im Blick auf erwachsene Suchtkinder abwandeln: ungewisse Herkunft – ungewisse Zukunft. Um so wichtiger ist es für erwachsene Suchtkinder, sich klarzuwerden, was ihnen als Kind in ihrer Herkunftsfamilie widerfahren ist und wenigstens als Erwachsene Worte zu finden, um den »Nicht-Ort« zu beschreiben und ihn dadurch ein Stück zu begreifen. Die Anerkennung und Erkenntnis, dass der Nicht-Ort Suchtfamilie heißt, mit all seinen Facetten, ist der entscheidende Schritt, um das Erwachsenenalter glücklicher und zufriedener erleben zu können. Es ist für erwachsene Kinder aus Suchtfamilien möglich, die eigene Zukunft neu und anders zu gestalten – dass Veränderung möglich ist, konnte ich während meiner langjährigen Arbeit erfahren und miterleben.

Verschworen und gepanzert – Familie in der Festung

Nah verwandt mit dem »Nicht-Ort«-Phänomen ist die *Familie in der Festung*. Gemeinsam wird in der Familie eine Festung erbaut, die niemandem von Außen zugänglich ist. Auch an diesem Ort werden Probleme verleugnet, selbst wenn sie noch so eindeutig vorhanden sind.

Ich möchte mit Ihnen an einen solchen Ort wandern: Lassen Sie eine Burg vor Ihrem inneren Auge entstehen. Vielleicht hat auch Ihre Burg, so wie es im Mittelalter üblich war, hinter einem tiefen Graben eine äußere Ringmauer und es führt nur eine Zugbrücke über den Graben zu einem Burgtor, das wiederum durch ein massives Fallgitter geschützt wird. Die äußere Burgmauer ist mit dicken Zinnen versehen, durch die man sich verteidigen konnte, etwa durch Werfen oder Schießen. Hinter diesen Zinnen liegt ein Gang und ein weiteres Tor, das dann in einen Zwinger führt, durch den man das Innere mit Vorburg,

Stallungen und Nebengebäuden betreten kann. Ein drittes Tor schließlich führt in den inneren Burghof mit dem herrschaftlichen Wohnhaus. Eine Burg stellt ein Bollwerk an Sicherheit dar, eine Festung gegen das Außen und eine von der Außenwelt abgegrenzte Innenwelt – das Außen kann von hier aus genauestens beobachtet werden, man wartet auf den Angriff und ist gewappnet. Burgbewohner liegen folglich förmlich immer auf der Lauer, sind im Dauereinsatz der Bewachung gegen ein feindliches Außen. Vielleicht sind in der Folge Außenkontakte überhaupt unerwünscht, ziehen sie doch verstärkt erforderliche Wachsamkeit nach sich. Es wird gemeinsam geschwiegen, eine Mauer errichtet, hinter die nur die schauen dürfen, die das Aufrechterhalten des Tabus garantieren. Die Festungsbewohner täuschen das Umfeld wie sie sich selbst und die anderen Familienmitglieder täuschen. Hinter den Burgmauern kann es zu familiären Spielen um die Sucht kommen, die der Außenwelt meist komplett verborgen bleiben, jedoch von tödlichem Ernst geprägt sind. Das Verheimlichen wird, wenn die Burgbewohnung über viele Jahre erfolgt, zum Teil der Persönlichkeit der Bewohner, sie werden Burgbewohner mit Haut und Haar und mit Leib und Seele. Erwachsene Kinder aus Suchtfamilien werden oftmals, was ihr Inneres betrifft, zur Festung: Was sie wirklich denken und fühlen, bleibt den Menschen um sie herum verborgen. Erwachsene Kinder aus Suchtfamilien fühlen sich oftmals im Inneren allein und einsam – es ist ein mühsamer und anstrengender, aber lohnenswerter Prozess, Wege aus der inneren Festung zu finden.

Zwischen Gipfelflug und Absturz – der Extrem-Ort

Wenn Menschen in einer Suchtfamilie aufgewachsen sind, kennen sie wenig »Normalität« – sie fragen sich oft, was eigentlich normal sei, denn Leben in einer Suchtfamilie bedeutet leben in Extremen. Extreme werden zur Normalität. Ich möchte diesen Aspekt des familiären Lebens mit dem Begriff »Extrem-Ort« beschreiben, in Anlehnung an den aus der Mathematik stammenden Begriff Extrempunkt. Was ist ein Extrempunkt? Folgen wir kurz der mathematischen Beschreibung: Extrempunkte gelten als Bezeichnung für das Extrem in Höhe und Tiefe einer Kurve, auch Hochpunkte und Tiefpunkte genannt. Auch am Extrem-Ort Suchtfamilie verläuft der Krisenalltag in Kurven zwischen Höhen und Tiefen. Diese Hoch- und Tiefpunkte gehören in Suchtfamilien zum Alltag, ihre Bewältigung wird als Normalität definiert. Das Extreme wird oftmals verharmlost und heruntergespielt. Mathematisch spricht man an diesen Punkten von der Steigung null: mehr geht nicht, um es vereinfacht auszudrücken. Angehörige und Kinder von Suchtkranken sind in besonderem Maße vom Erleben der Extrempunkte mit betroffen. Wenn eines in Suchtfamilien sicher ist, dann die Tatsache, dass nichts sicher ist. Wenn Kinder alkoholabhängiger Eltern aus der Schule nach Hause kommen, wissen sie ebenso wenig, was sie erwartet, wie Jahrzehnte später auf einem Familienfest. Hat die Mutter getrunken und ist lustig oder ist sie so betrunken, dass sie ausfallend wird; hat sie gar nicht getrunken und ist für ein paar Stunden eine ganz normale Mutter? Vielleicht hat die Mutter aber auch ohne Alkohol ganz besonders schlechte Laune? Fragen über Fragen. Welches Chaos die Ungewissheit in ihnen auslöst, das wissen Suchtkinder als Erwachsene nachträglich zu berichten, aber es widerfährt ihnen auch oft noch in reifen Alter: Wieder holt sie das Grummeln im Magen ein, das sie aus der Kindheit allzu gut kennen, wenn sie nur auf die Haustür zugehen. Scheinbar grundlos, sind sie doch erwachsen und könnten sich wehren. Aber zu tief war die tägliche Verunsicherung, als dass der Körper und die Seele vergessen hätten. Suchtfamilien verfügen über eine enorme Bindungstendenz und einen ausgeprägten Gestaltungsgeist, um Extrempunkte zu bewältigen, sie entwickeln zu diesem Zweck einen hohen familiären Zusammenhalt. Insgesamt steigt durch das Hin und Herschwappen zwischen den Extremen die Spannung, die im Rückblick von erwachsenen Kindern als unerträglich beschrieben wird. Hält die krisenhafte Extrempunktbewältigung Jahre und Jahrzehnte an, dann lassen die Kräfte aller Familienmitglieder nach, manchmal ist gerade die dann auftretende Resignation ein Wendepunkt, der Schritte in eine neue Richtung erfordert und möglich werden lässt.

Zwischen Chaosclub und Kontrolltreff – von Sodom und Gomorrha

Im Alten Testament sollen die Städte Sodom und Gomorra zerstört werden, weil sie dem Laster und der Sünde verfallen sind. Laster und die Sünde gehen oft mit Suchtverhalten einher, ist doch mit der Sucht oftmals ein Verlust der Werte des Suchterkrankten verbunden. Süchtige, etwa unter dem Einfluss von Alkohol, Drogen, Spielrausch, tun Dinge, die sie im Normalzustand entrüstet ablehnen würden – für die sie sich im Normalzustand zutiefst schämten. In der Sucht, die mit dem Rausch einhergeht, ist diese Moral ausgeschaltet. Sucht schreibt eigene Gesetze. Was ist richtig und was falsch, was ist erlaubt und was nicht? In vielen Suchtfamilien lauten die Antworten auf diese Fragen: Es ist eben jeden Tag anders. »Bei uns war immer Karneval«, beschrieb betont munter ein 11jähriger Junge diesen täglichen Ausnahmezustand in meiner schulischen Therapiepraxis.

In vielen Suchtfamilien, insbesondere in denen Alkohol und Drogen eine Rolle spielen, herrscht oftmals das Chaos. Dieses Chaos kann sich im Zustand des Haushalts zeigen, wie es besonders dann der Fall ist, wenn die Sucht schon weit vorangeschritten ist und sich die Süchtigen und ihre Angehörigen nicht mehr die Mühe machen, die Sucht zu verleugnen, oder auch, wenn beide Partner erkrankt sind und nicht mehr die Energie und Fitness besitzen, um den Haushalt zu bewältigen. Dann ist das Chaos auch für andere sichtbar.

Oftmals ist dieses Chaos jedoch im Außen nicht wahrnehmbar. In Familien, die gemeinsam die Sucht verleugnen, wird besonderer Wert auf eine intakte Fassade gelegt. Und immer wieder bricht das Chaos dennoch in den Alltag ein. Wenn Papa trinkt, dürfen die Kinder ganz lange aufbleiben, müssen keine Hausaufgaben machen, werden unerwartet liebevoll gestreichelt, um in der Nacht vielleicht ebenso unerwartet grundlos verprügelt zu werden. Leider kommen im Zusammenhang mit Suchterkrankung oft auch Misshandlung und Missbrauch ins Spiel. Insbesondere emotionaler Missbrauch stellt in Suchtfamilien eine besondere Gefahr dar.

Um dem Chaos, dem Sodom und Gomorrha, Herr zu werden, wird in vielen Familien als Gegenpol extreme Kontrolle, manchmal bis zur Zwanghaftigkeit, gelebt. Rigide Regeln, die unter Suchtdruck unvermutet außer Kraft gesetzt werden, sind ebenso typisch wie strenge Tagesablaufplanungen. Kleine unerwartete Veränderungen, etwa ein überraschender Besuch von Freunden, wird in diesen Familien als katastrophal, weil außerhalb ihres Kontrollprogrammes, eingestuft. Wechselseitige Kontrolle über Ordnungsdienste, Plan und Regeleinhaltungen bestimmen maßgeblich die familiäre Kommunikation.

Alle Familienmitglieder kreisen letztlich immerzu um die Sucht, indem sie den Süchtigen kontrollieren: Sie wollen der Maßlosigkeit und ihren Folgen verzweifelt Herr werden. In Alkoholfamilien gibt es Phasen der Abstinenz, in denen alle ängstlich beäugen, ob der Süchtige trocken bleibt. Geringe Spannungsveränderungen in der familiären Atmosphäre werden bereits als Auslöser identifiziert, die das Suchtverhalten wieder einsetzen lassen, wie etwa bei Quartalstrinkern. Kontrolle ist die Kehrseite der Maßlosigkeit, die sich in der Sucht nach vorne gedrängt hat. Wenig bewusst ist den derart betroffenen Familien, dass der Weg aus der Sucht im Kern nicht über den Weg der Kontrolle gelingen kann, sondern nur dadurch, dass thematisiert wird, was die Familie wirklich bewegt: wenn Thema werden darf, was die einzelnen Familienmitglieder wirklich fühlen und woran es ihnen mangelt.

Zusammenleben als Kampf – in der Familien-Arena

Menschen in Suchtfamilien kämpfen: um den Süchtigen und die Aufgabe des Suchtmittels, um die Gesundheit des Suchtkranken oder deren Wiederherstellung, um Normalität, um ein besseres Leben, um den Erhalt einer Fassade nach Außen und um Liebe und Anerkennung für das, was sie alltäglich leisten. Es mag vieles mehr geben, worum Menschen in Suchtfamilien kämpfen, zentral ist die Einsicht, dass sie es tun. Manchmal wird der Kampf so anstrengend, dass einzelne Familienmitglieder ihn aufgeben oder aufgeben müssen, weil das Kämpfen und Ringen sie völlig erschöpft hat.

In Suchtfamilien gibt es einen besonderen Umgang mit Macht und Ohnmacht. Der eigentlich hilflos erscheinende Suchtkranke hat Macht über alle Familienmitglieder und bringt sie permanent in ihre Ohnmacht. Zugleich wird er durch die Krankheit oftmals immer schwächer, was die anderen Familienmitglieder aber mehr und mehr in die Knie zwingt. Wenn ein Familienmitglied etwa hartnäckig Nahrung verweigert, dann können die anderen Familienmitglieder nicht darüber hinwegsehen. Und auch, wenn diese Sucht, wie wir im ersten Beispiel gesehen haben, zeitlich längst hinter der Mutter liegt, eigentlich der Vergangenheit angehört, können die Auswirkungen im Kontrollverhalten so massiv sein, dass sie weiterhin das gesamte Leben aller beeinflusst. In einem anderen Beispiel versucht die essgestörte Mutter lebenslänglich die Kontrolle des Essverhaltens der anderen Familienmitglieder aufrechtzuerhalten, Macht und Kontrolle über ihr Leben zu bewahren. Das so machtvoll anmutende Verhalten ist ein Akt großer Ohnmacht und Not, ein Akt der tiefen Verzweiflung. Subjektiv erleben die Familienmitglieder einen dauernden Kampf gegen Sodom und Gomorrha.

Es gibt einerseits eine starke Tendenz, Konflikte wegzuschweigen und diese durch den Gebrauch des Suchtmittels zu bannen: ein paar Tabletten, dann sind die Probleme besser auszuhalten, mit dem Wein im Glas mutet der Abend in der Familie gleich viel freundlicher an, »Wenn ich schlank bin, dann bin ich attraktiv«, solche und ähnliche Denkweisen sind in Suchtfamilien anzutreffen. Und zugleich ringen alle miteinander um Lösungen, ohne dass gesprochen würde, was wirklich zum Problem geworden ist. Vorwürfe, Gewalt, verbaler und emotionaler Art, auch Tätlichkeiten wie Schläge etc. sind Ausdruck tiefster Verzweiflung, wenn eigentlich schon »nichts mehr geht«. Im letzten gibt es im Kampf der Suchtfamilie keine Gewinner – alle verlieren, insbesondere die Kinder. Das Anerkennen und Betrauern dieser Verluste ist für erwachsene Kindern aus Suchtfamilien oftmals der erste Schritt zu einem glücklicheren Leben. Hier gilt: Trauern vor Veränderung.

Die endlose Suche nach Liebe – Suchtfamilien als Brutstätten der Sehnsucht

Kinder in Suchtfamilien erleiden, wie wir schon an verschiedenen Beispielen sehen konnten, großen Mangel. Ein Mangel, der existentiell besonders prägend zu sein scheint, ist der Mangel an sicherer Liebe. Liebe und Fürsorge zu bekommen und sich dieser gewiss sein zu dürfen, sollte für Kinder etwas Selbstverständliches sein. In Suchtfamilien gilt diese Selbstverständlichkeit meist nicht (natürlich auch in manchen anderen Familien ohne Suchtproblematik traurigerweise nicht). Der Suchtkranke kann durchaus Menschen lieben, er kann diese Liebe jedoch oftmals nicht zuverlässig anbieten und kaum in angemessener Wechselseitigkeit leben. Der Suchtkranke tritt die Liebe und die Menschen, die ihn lieben, oftmals mit Füßen. Wenn der Suchtkranke chronisch erkrankt ist, kreist er so sehr um sein Suchtmittel, dass er seine Kinder gar nicht mehr wahrnehmen kann: allenfalls als Hilfsobjekte, Sucht zu ermöglichen oder als lästige Verhinderer des Suchtmittelgebrauchs. Die Beziehungs- und Liebesfähigkeit geht oftmals völlig verloren: Kinder laufen folglich jeden Tag ins Leere. Für Kinder aus Suchtfamilien bedeutet das, ein Leben lang Hunger nach Liebe zu verspüren, sich ein Leben lang nach Eltern zu sehnen, die normal und ansprechbar sind. In der Regel gehen sie leer aus – im Gegenteil, oft müssen sie den Eltern geben, was eigentlich ihnen als Kind zustünde. Meist ist den Betroffenen dies eben so wenig bewusst wie die elterliche Sucht.

Etwas hat sich zwischen sie und die elterliche Liebe geschoben und dieses Etwas heißt Sucht. Erwachsene Kinder aus Suchtfamilien sind oftmals in einem ungekannten und von ihnen selbst wenig vermuteten Ausmaß von der Suche nach (elterlicher) Liebe bestimmt. Alle ihre Handlungen sind dann bestimmt von dem Wunsch, Liebe und Anerkennung zu erfahren, selbstverständlich angenommen zu sein und endlich Liebe ohne Leistung zu bekommen. Diese in ihrem Ausmaß kaum zu erfüllenden Wünsche können an Partner/innen ebenso gestellt werden wie an eigene Kinder oder Freunde und Chefs – oftmals enden solche Beziehungen, die in großer Sehnsucht eingegangen werden, tragisch, müssen doch beide Parteien feststellen, dass die unendliche Sehnsucht aus Kindheitstagen kaum erfüllbar erscheint – wechselseitige Enttäuschung ist vorprogrammiert. Dann kann es ein guter Schritt sein, therapeutische Hilfe zu suchen, in der Beziehung neu erfahren und Nachgenährtwerden nachgeholt werden kann. Die mit solchen Themen aufgesuchten Therapeut / innen sollten möglichst über eine spezielle Ausbildung für Kinder suchtkranker Eltern verfügen – die Gefahr einer neuerlichen Verstrickung in der therapeutischen Beziehung ist immens.

Andere erwachsene Kinder beschreiben, dass sie von ihren Eltern durch das Suchtverhalten hindurch gespürt hätten, dass sie geliebt würden, über Schläge und Rohheit hinweg – diese Liebe jedoch nie sicher und zuverlässig war, nie alltäglich und nie ohne Extreme möglich. Dieser tragische Lebensumstand bleibt nicht ohne Folgen. Kinder aus Suchtfamilien wissen somit durchaus, was Liebe ist, sie lernen aber von Kindesbeinen an, dass diese ein unsicheres Gut ist, um das sie kämpfen müssen, in der Hoffnung, dass die Rechnung: mehr eigene Anstrengung, weniger Sucht, mehr Liebe aufgehe. (»Vielleicht ist die Mama ja bald wieder ansprechbar und sieht mich und liebt mich!«)

Läuft diese Sehnsucht nach Liebe zu oft ins Leere, kann es sein, dass die Gefühle der Kinder aus einer solchen Familie als Erwachsene in Hass umschlagen. In Hass auf ihre Eltern, der dann in der Umleitung auf andere, wie Partner / innen, Kolleg / innen oder Freund / innen übertragen wird. Auch hier gilt: Die Sehnsucht nach Liebe muss von erwachsenen Suchtkindern erkannt werden, um ihr dann Raum zu geben und ihr bewusst nachzugehen. Oftmals wohnt diese Sehnsucht unter dem Deckmantel von Hass (»meine Eltern sind für mich gestorben!«), von hart und kühl anmutender Gefühllosigkeit (»die Familie ist mir schon lange total egal!«) und Beziehungsunlust (»ich komme prima alleine zurecht und brauche keine nahen Beziehungen!«). Wird der Sehnsucht Raum gegeben, kann sie große Kräfte der Veränderung freisetzen.

4 Die sieben Stärken und die sieben Wunden erwachsener Suchtkinder

Suchtkinder haben, wie wir auf den ersten Seiten dieses Buches lesen konnten, viel erlitten – das hat tiefe Wunden hinterlassen, aber auch in besonderem Maße zur Entwicklung von Stärken geführt. Von den zentralen Stärken und Wunden, die mir in meiner Arbeit mit erwachsenen Suchtkindern wiederholt begegneten, stelle ich im Folgenden die wichtigsten dar.

4.1 Die Kraft des Dennoch – die sieben Stärken der Suchtkinder

Kinder in Suchtfamilien vollbringen alltäglich Heldenleistungen an einem Ort, der eigentlich eine Stätte für ihre Fürsorge, ihren Schutz und ihr Geliebtwerden sein sollte. Oftmals müssen sogar sie den Erwachsenen und Geschwistern geben, was ihnen zugedacht sein sollte. Für diese Leistungen ernten sie weder öffentlichen noch familiären Applaus oder Dank. Ein Lohn, den Suchtkinder jedoch davontragen, zeigt sich in besonderen Stärken und Fähigkeiten, die sie auszeichnen. Leider übersehen Suchtkinder diese Stärken oftmals gänzlich.

Der medizinische und psychotherapeutische Blick auf Krankheit und damit verbundene Symptome erscheint vielen vertraut. Erst in der neueren Forschung wird der Blick auch auf schützende Stärken und Widerstandskräfte, sogenannte Resilienzen, gerichtet. Diese Perspektive, in der Fachsprache als salutogenetisch bezeichnet, ist noch wenig beachtet, jedoch besonders hilfreich in der Arbeit mit Suchtkindern. Gerade ihre Stärken und Widerstandskräfte waren, neben oftmals großen Leiden, in meinen Begegnungen und Arbeiten in besonderem Maße augenfällig. Oftmals ist den Suchtkindern selbst jedoch eine Würdigung für diese ihnen ureigene Fähigkeiten abhanden gekommen oder diese liegen verschüttet unter Bergen von Belastungen – dann müssen sie erst wieder freigelegt werden. Oftmals erscheint Suchtkindern diese Perspektive auf ihre Qualitäten sehr befremdlich, so als wären positive Qualitäten ihnen nicht zugehörig. Der Perspektivwechsel zu einem neuen, weniger negativ verzerrtem Selbstbild, gelingt manchmal nur mit Hilfe von wertschätzenden Menschen im Umfeld, manchmal erst durch Therapeuten.

Ich schaffe das! – Belastbarkeit

Es gibt kaum eine Gruppe von Menschen, die in einem so besonderen Maße fähig ist, besondere Belastungen zu tragen und zu bewältigen wie erwachsene Suchtkinder. Suchtkinder stemmen Unglaubliches, ohne für diese großen eigenen Leistungen die geringste Wertschätzung zu verspüren. Große Erfolge, schwere Krisen, die sie selbst bewältigten oder mit anderen durchstanden, halten sie meist nicht einmal für besonders erwähnenswert. Oftmals beschrieben sich Suchtkinder in der therapeutischen Sitzung als »grundlos geschafft und müde«, um dann, erst auf explizite Nachfrage hin, aufzuzählen, was sie in den letzten Tagen für ein Programm absolviert hatten. In der Erzählung konnte der Eindruck entstehen, dass es sich bei dem Geleisteten um mehrere Personen, die das Pensum in mehreren Wochen absolviert hätten, handelte: Das Ausmaß dessen, was sie schaffen, ist Suchtkindern nicht bewusst. Sie haben das Maß verloren, für das, was sie leisten – in der Regel viel mehr als andere Menschen – denn »viel« und »schwer« war es von Kindheit an. Zu viel wird zum Normalmaß, das erst gespürt wird, wenn der Körper oder die Seele streiken. »Normale« Belastungen sind für Suchtkinder ein Klacks.

Auch zeigt sich eine hohe Bereitwilligkeit, Schwieriges anzugehen, was anderen Menschen Angst gemacht hätte. Vielen ist ein besonderer Mut zueigen. Suchtkinder können viel – lediglich die Würdigung für die eigene Belastungsfähigkeit ist in der Regel wenig ausgereift.

Ich gebe nicht auf! – Durchhaltevermögen

Wenn keiner mehr an das Gelingen eines Projektes glaubt: das Suchtkind, das einmal Vertrauen gefasst hat, macht weiter. Wie das gehen kann, eigentlich unmöglich Erscheinendes möglich zu machen, hat es schließlich in seiner Familie gelernt. Suchtkinder können die Zähne zusammenbeißen und auf vieles verzichten, um ein als sinnvoll und notwendig erkanntes Ziel zu erreichen – Mangel kann sie nicht umwerfen, er ist ihnen vertraut. Insbesondere wenn sie Krisen in ihrem Elternhaus als Herausforderung begriffen hatten (amerikanische Forscher sprechen auch von »challenge«) und die Gewissheit hatten, selbst einen großen Beitrag zur Bewältigung dieser familiären Krisen geleistet zu haben, sind diese Suchtkinder mit idealen Führungseigenschaften ausgestattet. Sie sind perfekt für den Einsatz in Unternehmen und Systemen in Krisen geeignet. Dann wird ihre Zähigkeit besonders Früchte tragen. Frei nach dem Motto: geht nicht – gibt es nicht! Suchtkinder machen das Unmögliche möglich und das, wenn es nötig ist, über Jahre.

Ich stehe zu dir! – Treue

Dazu, oftmals Unmögliches zu schaffen, gehört auch die Fähigkeit vieler Suchtkinder, unter schwierigsten Bedingungen nicht aufzugeben. Insbesondere in schwierigen Beziehungskonstellationen geben Suchtkinder, wenn sie glauben, endlich den zu ihnen passenden Menschen gefunden zu haben, lange Zeit nicht auf. Suchtkinder haben gelernt durchzuhalten, wenn andere schon lange resigniert hätten. Sie haben gelernt, darauf zu warten, dass alles doch noch gut ausgehe. Natürlich kann diese Fähigkeit auch zur Falle werden, aber viele Suchtkinder zeichnen sich so in besonderem Maße als Beziehung erhaltend sowie als äußerst treue Wegbegleiter/innen in Freundschaften aus. Suchtkinder wissen um Macken der Mitmenschen. Es fällt ihnen leicht, mit diesen umzugehen und unter allem einen guten Kern aufzuspüren. Suchtkinder verzeihen meist viel, wenn sie einmal ihr Herz für Freund oder Freundin geöffnet haben. Oftmals sind sie in besonderem Maße in der Lage, Licht im Schatten zu sehen: Sie finden logische Erklärungen und analytisches Gespür für das Entstehen unguten Verhaltens bei ihrem Gegenüber – eine wichtige Voraussetzung zu liebevollem Miteinander.

Suchtkinder können auch als Visionäre Vorreiterpositionen einnehmen und im hartnäckigen Verfolgen ihrer Träume sprichwörtlich vorbildlich sein. Besonders erwähnenswert ist zudem die Fähigkeit der Suchtkinder, schnell umzuschalten. Eben noch kann sich Dramatisches ereignet haben, und schon machen die Suchtkinder einen Spaß, gehen ihrer Entspannung nach, als wäre nichts gewesen. Sie mussten in ihrer Kindheit lernen, Schwieriges schnell hinter sich zu lassen. Eben noch Krieg in der Beziehung – okay, jetzt kann ich wieder Spaß haben, scheint die Devise der Suchtkinder zu sein, die ihnen, sicher lange als eine wichtige Lebensbewältigungsstrategie in schwierigen Familienverhältnissen Rettung war. Suchtkinder besitzen in besonderem Maße die Fähigkeit, zu vergessen und verzeihen.

Ich komme mit allen gut zurecht! – Soziale Kompetenz

Suchtkinder müssen früh lernen, ihre Bedürfnisse außerhalb des Familienkreises zu befriedigen. Früh müssen sie, wenn ihnen ihr Leben trotz der schwierigen familiären Lebenssituation gelingen soll, vor allen Dingen lernen, auf Menschen außerhalb der Familie zuzugehen, um dort zu bekommen, was sie zu Hause nicht erhalten können. Dadurch lernen viele schon früh, soziale Interaktionen besonders kompetent zu gestalten: Sie lernen schnell, was sie tun müssen, damit ein Gegenüber auf sie eingeht, ohne sich ihnen gegenüber verpflichtet zu fühlen. Oftmals entwickeln sie eine große Meisterschaft in der schnellen Kontaktanbahnung sowie in der leichten und heiteren Kommunikation, die von anderen als bereichernd empfunden wird. Suchtkinder können so eine Meisterschaft im interaktiven Tanz entwickeln, die es ihnen im Besonderen ermöglicht, soziale Netze und Freundeskreise zu bilden.

Auch im beruflichen Kontext sind Suchtkinder dann beliebte und gern gesehene Mitarbeiter. Oftmals tun sie sich als Organisatoren von

Feiern und Festen hervor. Sie sind in Familie und Beruf, im privaten und öffentlichen Bereich, im besonderen Maße Verbindungsstiftende. Da sie schon früh mit schwierigen Menschen umgehen mussten, verfügen sie über hohe integrative Fähigkeiten und können Menschen, die am Rande stehen und sich mit anderen eher schwer tun, gekonnt einbeziehen und einbinden.

Ich kann mich gut in andere einfühlen! – Feinfühligkeit

Von Kindesbeinen an müssen Suchtkinder sekundenschnell Situationen einschätzen. Ist der Vater gerade nur ein bisschen betrunken und wird eher gleich lustig sein oder wird er jeden Augenblick cholerisch und gewalttätig werden? Ist die Spannung zwischen den Eltern heute gefährlich oder als harmlos einzustufen? Isst die Mutter gerade einfach nur wenig oder steht sie schon kurz vor einer Klinikeinweisung? Auf diese sicherlich schwierige und äußerst belastende Art und Weise werden jedoch viele Suchtkinder zu hoch kompetenten Menschenkennern. Sie wissen oftmals sehr genau und früher, was andere Menschen brauchen. Es ist zu vermuten, dass sich ihre Spiegelneuronen besonders gut ausgebildet haben. Hier ist eine Erkenntnis aus den Neurowissenschaften interessant: Hirnforscher haben festgestellt, dass Menschen ähnliches fühlen, egal ob einem anderen Menschen in den Finger gestochen wurde oder ihnen selbst (beim Zuschauenden werden dieselben Hirnzentren aktiv, wie bei demjenigen, der selbst mit der Nadel gestochen wird). Die Ausbildung von solchen Spiegelneuronen wird als Grundlage für menschliches Mitgefühl angesehen. Bei Kindern aus Suchtfamilien wurde diese Fähigkeit zum Ein- und Mitfühlen als Selbstschutzverfahren in der Krisenbegleitung in besonderem Maße ausgebildet. Viele sind so sehr darauf angewiesen, anderen Menschen zu gefallen, um die fehlende Zuwendung seitens der erkrankten Eltern zu kompensieren, dass sie in besonderem Maße zu gefallen wissen. Auch ist eine stärkere und frühere Orientierung an Gleichaltrigen zu beobachten, die dazu führt, soziale Fähigkeiten im Besonderen auszubilden. Nicht selten wird diese hohe Sensibilität als anstrengend empfunden: Sie stellt jedoch eine hohe soziale Kompetenz dar, die es ermöglicht, schwierige Menschen zu führen, ungewöhnliche Gruppenkonstellationen zu managen und Netzwerke zu installieren.

Ich bin schnell und flexibel! – Managerqualitäten

Wer in einer Suchtfamilie aufgewachsen ist, muss schnell und flexibel auf immer neue und andere Situationen reagieren. Nichts ist sicher, jeder Tag ist anders, Krisen und ihre Bewältigung sind an der Tagesordnung. Eigentlich wollte das Kind heute mit einer Freundin weggehen, spontane Änderung: Mama braucht Hilfe. Kinder in Suchtfamilien entwickeln in einem hohen Maß die Fähigkeit, sich spontan und angemessen auf Überraschendes einzustellen- nichts Unerwartetes bringt sie aus der Fassung, schließlich trainieren sie das von klein auf. Sie sind im besonderen Maße in der Lage, neue Situationen zu erfassen, die Lage exakt einzuschätzen, kurzfristig geeignete Lösungen zu finden und Dinge in den Griff zu bekommen. Das alles sind Managerqualitäten, die ihnen sehr nahe liegen. Darüber hinaus können sie gut organisieren: allein und perfekt, das ist vielen erwachsenen Kindern ja sehr vertraut. Oftmals leben sie diese Qualität in Vereinen und Gemeinschaften, in denen sie zugleich Zugehörigkeit erfahren dürfen. Sie können mit dieser Fähigkeit sehr erfolgreich sein, wenn sie sich nicht durch kleine Fehler entwerten. Von klein auf ist ebenso oftmals Kreativität gefragt, denn nur so ist ihr Alltag zu managen. Kein Knopf an der Jacke – da muss der kindliche Eigenbau ran. Papa hat ein Problem auf der Arbeit wegen seines Trinkens? Die 14-Jährige findet Lösungen, die helfen. Oftmals sind Suchtkinder durch das hohe Maß an Kreativität, das sie zur Bewältigung ihrer Lebenssituation entwickeln mussten, künstlerisch begabt. Streifen sie den Hemmschuh ihrer Selbstabwertung ab, können sie in kreativen Bereichen sehr erfolgreich sein.

Um mich herum sind alle gut drauf! – Stimmungsexperten

Menschen, die in Suchtfamilien aufgewachsen sind, verfügen über eine besondere Antenne für die Stimmungen ihrer Mitmenschen – ebenso besitzen sie meist eine besondere Fähigkeit, wie wir am Beispiel der Spiegelneuronen aufzeigen konnten, die Befindlichkeit anderer zu erspüren. Zugleich haben viele Suchtkinder gelernt, sich so auf andere einzustellen, dass diese sich besonders wohl oder glücklich fühlen im Zusammensein mit ihnen. Diese Fähigkeit kommt den erwachsenen Kindern in ihren Freundschaften und Beziehungen zugute, aber auch in beruflichen Zusammenhängen, in denen diese Fähigkeit gefragt ist, wie etwa in Gesundheitsberufen, therapeutischen und sozialen Arbeitsfeldern.

Da Kinder aus Suchtfamilien in besonderem Maße über die Fähigkeit verfügen, Stimmungen in Gruppen wahrzunehmen, wissen sie auch, wann genau etwas Humorvolles am besten zu platzieren ist, so sind sie oft als humorvolle Unterhalter besonders in Freundeskreisen willkommen.

Durch ihre hohe Einfühlungsfähigkeit wissen sie dann sehr genau, was ihr Gegenüber, das »Publikum« gerade braucht. So wie sie oftmals viele Jahre lang versuchten, die belasteten Eltern und Geschwister aufzuheitern, können sie dies als Erwachsene für andere. Wenn diese Gabe für Humor und Witz nicht zur aufgesetzten Dauerunterhaltung wird und auch die Gegenseite der Stille, Besinnung und Trauer ihren Platz finden darf, kann sie eine Quelle großer Lebensfreude für Betroffene und andere sein.

»Mein Humor hat mir das Leben gerettet!«, sagt Frau B., 44 Jahre alt, »egal wie schrecklich etwas zu Hause war: Ich konnte im nächsten Moment über etwas lachen oder die schwierige Situation mit Komik kommentieren, sodass alle lachen mussten und die Spannung raus war!«

Viele erwachsene Betroffene erscheinen anderen als humoristische Lebenskünstler. Wenn alles in Schutt und Asche liegt, kann das erwachsene Suchtkind im nächsten Augenblick über etwas schallend lachen, das löst die Spannung und macht das Bestmögliche aus einer eigentlich verfahrenen Situation. In Hirnforschungen konnte man nachweisen, dass beim Lachen Glückshormone freigesetzt werden. Lachen erzeugt Glück – welch kreative Lösung, die Suchtkinder aus derart belasteten Familien für ihre Gesunderhaltung über den Weg des Lachens finden.

4.2 Auf den Spuren des Tabus – Die sieben Wunden der Suchtkinder

Wenn Menschen in Suchtfamilien aufwachsen, hinterlässt das Spuren. Für viele Menschen müssen die Folgen der Kindheit in einer Suchtfamilie als traumatisch, also im Wortsinn (Trauma heißt Wunde) als schwere Wunde bezeichnet werden. Das, was diese Menschen dann durchmachen, hat wenig damit zu tun, ob sie erfolgreich im Leben erscheinen, also ob sie etwa beruflich die Karriereleiter erklommen haben oder nicht. Oftmals füllen gerade Menschen aus Suchtfamilien, die allzu früh groß werden und elterliche Verantwortung übernehmen mussten, mit höchster Perfektion gehobene und verantwortungsvolle Positionen aus. Aber was wirklich in ihnen vorgeht, wie und wo ihre Seele Narben trägt, wie sie unter der Oberfläche der Perfektion leiden, das kann oftmals nur über einen längeren und vertrauensvollen therapeutischen Prozess zutage treten. Natürlich bleiben diese Zusammenfassungen und Einordnungen, in dem, was sie beschreiben können, begrenzt und unvollständig: Immer lässt sich nur ein Ausschnitt beschreiben, und die Wirklichkeit der Menschen ist erheblich komplexer. Und doch zeigten sich in der Arbeit mit Betroffenen bestimmte Wunden gehäuft.

Die Wunde der Täuschung – »Es ist doch gar nichts!«

Wer in einer Suchtfamilie aufwächst, ist zutiefst vertraut mit Täuschung und Selbsttäuschung. Es gibt keine Suchtfamilie, in der Täuschung keine Rolle spielte, wenn auch das Ausmaß graduelle Unterschiede aufweisen mag. Schon allein das Vorhandensein einer Suchterkrankung birgt ganz erhebliches Täuschungspotential. Wer etwa in einem krankhaften Ausmaß Alkohol trinkt, möchte dies in der Regel vor anderen verbergen; wer kaum noch isst, etwa in der Magersucht, spielt anderen oftmals vor, er esse viel, zu anderen Zeiten und an anderen Orten. Insbesondere wenn der Suchtmittelgenuss nicht mehr folgenlos bleibt, sollen gerade diese Folgen getarnt werden – ein Tabu und eine geheimnisgetränkte Fassade entstehen. Viele Suchtkranke können mit zunehmender Abhängigkeit ihrer Arbeit nicht mehr angemessen nachgehen – spätestens ab dann wird die Familie in das Spiel der Täuschung einbezogen. Gemeinsam werden Ausreden und Erklärungen gefunden, um peinliches Fehlen mit Ausreden zu entschuldigen. Angehörige täuschen und lügen in höchster Not und für einen, wie sie anfänglich meist meinen, guten Zweck: den Schutz des Süchtigen und den Weiterbestand des Familiensystems.

Nicht nur stoffliche Süchte gehen mit Tarnung und Täuschung einher. Wer arbeitssüchtig ist, genießt meist lange Zeit Anerkennung durch die Arbeitswelt. Doch wenn Abhängigkeit und Krankheit sichtbar werden, verliert sich auch hier der Anerkennungsfaktor und das öffentliche Auge richtet mit der Zuschreibung »suchtkrank«. Der Betroffene wird mit einem Makel belegt – Scham, auch beim Angehörigen, ist die Folge. Nun beginnt das Spiel aus Tarnung und Täuschung: Man gibt etwa vor, dass der Suchtkranke viele Ferien und Pausen mache, es wird getan, als sei die Arbeit nur Nebensache. Kein Suchterkrankter täuscht, um seine Angehörigen und Kinder bewusst zu schädigen – das Täuschen wird zu einem beinah unvermeidbar erscheinenden Dauergeschehen.

Was bedeutet das für die Kinder, mit einem solchen Ausmaß an Täuschung aufzuwachsen? Wenn es um Kinder aus Suchtfamilien geht, sprechen wir nicht von einer einmaligen Täuschung, sondern von Täuschungen, die alltäglich, stündlich, in nahezu jedem Augenblick stattfinden. Die Täuschung ist für Kinder in Suchtfamilien Realität und

Normalität. Wenn Kinder über Jahre in dieser durch das Suchtmittel geprägten Scheinwelt aufwachsen, wissen sie oftmals nicht mehr, was wirklich wahr und was erlogen, was richtig und falsch ist. Ketten spezifischer Logik werden erzeugt. Suchtkinder sehen Ereignisse und Dinge, die offensichtlich schlimm sind, die aber verleugnet werden, denn der Süchtige spielt so überzeugend vor, dass er nicht süchtig sei, dass er sich selbst oftmals glaubt – das Vortäuschen und Wahren der Fassade werden Teil seines Selbst, das in der Folge nicht nur die Sucht verleugnet, sondern letztlich komplette Teile der Realität.

»*Herr S. erzählt eine Begebenheit, die ihm als 11-Jähriger widerfahren ist. Er muss mit ansehen, wie der Vater unter Alkoholeinfluss seine Mutter angreift, beschimpft und diese schlagen will. Herr S. ist verängstigt, zieht sich in großer Sorge in sein Zimmer zurück, verkriecht sich, erstarrt unter seinem Schreibtisch. Er hört die Eltern weiter brüllen. Schreie, Kämpfen meint er mitzubekommen, Möbelteile, die umzufallen scheinen. Er verharrt, unfähig zu einer Bewegung, unter seinem Schreibtisch und schläft irgendwann dort erschöpft ein. Am nächsten Morgen hat er große Sorge im Erwachen. Er spürt Todesangst, dass etwas Schlimmes passiert sei. Nun ist plötzlich jedoch alles anders, die Mutter sieht zwar erschöpft aus, doch bemüht sie sich um ein strahlendes Lächeln. Herr S. fragt die Mutter, was denn am vorhergehenden Abend genau passiert sei, er äußert seine Sorge, dass die Eltern sich etwas angetan hätten. Entrüstet schaut die Mutter ihn an: »Was bildest du dir denn da ein. Gar nichts war, wir haben einfach ganz viel Spaß miteinander gehabt gestern, Möbel umgefallen? Klar, vom Quatsch, den Papa und ich gemacht haben. Du hattest Angst? … Du bist ja verrückt.«*

Erst durch die späteren Erzählungen seiner Tante erfährt Herr S. als Erwachsener, dass sein Vater an diesem Abend noch in die Notaufnahme des Krankenhauses eingeliefert worden war, da er sich mit einem Messer selbst verletzt und Suizid angedroht hatte. Herr S. hatte begründet Angst.

Kinder, die solchen Szenarien über Jahre und ohne Unterstützung von Außen ausgesetzt waren, entwickeln auch als Erwachsene große Probleme, ihrer eigenen Wahrnehmung zu trauen.

Die Täuschung über die fehlende Täuschung

Oft glauben Erwachsene, die in Familien aufwuchsen, in denen die Sucht ganz offen gelebt wurde (dies zeigte sich insbesondere bei drogenabhängigen Eltern), dass Täuschung in ihrer Herkunftsfamilie keine Rolle gespielt habe, da die Sucht ganz offen gelebt worden sei, ohne das Bemühen, sie zu verbergen. In diesen Familien steht ein anderes Problem im Mittelpunkt. Hier wird die zur Schau getragene Offenheit das Problem. Die Kultivierung des Lebensstils, in dem eine angeblich freie Art zu leben im Mittelpunkt steht, wie etwa in exzessiven Formen des freien Hippietums zelebriert, kann dazu führen, dass die schrecklichen Folgen für die so aufwachsenden Kinder, grausam und brutal ignoriert werden und derart sich auslebende Eltern ihrer elterlichen Verantwortung wenig gerecht werden. Diese Eltern lassen ihre Kinder allein und suchen Freundeskreise, in denen ihre Lebensweise als »cool und »in« angesehen wird. Erwachsene Kinder brauchen viel Ermutigung und Unterstützung von Außen, nicht dem Akt der Täuschung zu erliegen und in den familiären Chor einzustimmen, nach dem sie mit einer »ach so coolen Familie«, die »so wenig spießig« ist, gleichsam beschenkt wurden und nicht im Mangel aufwachsen mussten.

Wenn erwachsene Kinder aus Suchtfamilien diese Wunde tragen, so wird sie oftmals maskiert mit dem Satz: »Ich habe gar kein Problem!« oder »Bei mir ist alles bestens!« – manchmal ein lebenslanger Selbstbetrug, der die Suchtkinder vor Erinnerungen an den erlebten Mangel und schlechten Gefühlen schützen soll. Zugleich geht diese Maskierung tragischerweise mit einem dramatischen Verlust an Lebensqualität einher. Je weniger gesellschaftlich geächtet die Sucht und ihr Ausmaß sind, umso höher die Täuschung über die fehlende Täuschung. Kindern essgestörter Mütter etwa wird erklärt, dass sie dankbar sein müssten, dass man sich besonders gut um ihre richtige und kalorienbewusste Ernährung kümmere, Kindern Spekulationssüchtiger werden riskante Geldanlagen als persönliche Fürsorge »verkauft« usw.

Als stärkend und schützend zeigte sich, wenn Suchtkinder in der Richtigkeit ihrer eigenen Wahrnehmung möglichst frühzeitig bestärkt wurden. Wenn sie zumindest eine Person gefunden hatten, die mit ihnen einen ungetrübten Blick auf die Geschehnisse in der Familie wagen konnte oder einfach für sie da war, so konnte das, und das zeigen auch jüngere Forschungen, stärken und stützen. Ein Suchtkind ist niemals zu alt, um diese Stärkung der Wahrnehmung, etwa in der Rückbetrachtung, zu erfahren!

Die Wunde der Isolation – Wie es innen aussieht, geht niemanden etwas an!

Kinder werden Mitglieder ihrer Familien mit Haut und Haar, mit Leib und Seele. Wenn dieser familiäre Ort, wie vorab beschrieben, zur Festung deklariert wird, weil das Suchtverhalten und seine Folgen vor dem Außen verborgen werden müssen, dann tragen mitbetroffene Kinder Wunden und Narben davon, die gerade auch durch die erlernte und zu eigen gewordene Tabuisierung, nicht einmal äußerlich sichtbar werden darf. Kinder aus Suchtfamilien können sehr erfolgreich sein und dennoch an ihren alten Wunden und Verletzungen leiden, sogar ohne dass ihnen dies selbst bewusst wäre. Das klingt absurd, doch: Suchtkinder leiden allein und unentdeckt, sie verbergen das Leiden an der elterlichen Sucht und ihren Folgen so wie die Familie in der Regel die Sucht verbarg. Sie legten auf der elterlichen Burg gleichsam eine Rüstung an, die sie nur noch schwer ablegen können. Die Rüstung ist ihnen wie ein Panzer in Fleisch und Blut übergegangen. In der Folge können sie oftmals auch als Erwachsene kaum über sich selbst und das, was sie in ihrem Inneren wirklich fühlen, sprechen – wenn die Belastung über viele Jahre angedauert hat, scheint ihnen oft sogar selbst der Zugang zu ihrem Inneren verwehrt zu sein. Nicht einmal Ehepartner oder nahe Freunde finden dann Zugang. Selbst wenn die Sucht öffentlich geworden ist, süchtige Eltern sich in Entzug begaben oder die Eltern sich trennten, blieben doch gerade die Kinder oftmals mit dem, was sie erlebt haben und hatten, allein. Tief haben sich die Wunden in das gesamte Erleben eingegraben. In jedem Moment, in jeder Handlung, in jeder Faser des Erlebens ist die Suchtkindheit ein Teil des Geschehens. Bei vielen Suchtkindern erzählten der Körper und die Seele, was sie nicht sagen durften: zahlreiche, oftmals mit klassisch medizinischen Diagnosen kaum noch erklärbare Erkrankungen, sprechen eine indirekte Sprache, nonverbale Erzählungen vom unaussprechlichen Leid. Allein gelassen und isoliert verstehen Suchtkinder, ohne dass Eltern dieses Tabu explizit aussprechen müssten, dass das, was hinter den eigenen Wänden passiert, niemanden etwas angeht – die Isolation wird ständiger Begleiter dieser Kinder, auch in anderen Zusammenhängen. Sie dürfen auch außerhalb der Familie, etwa in der Schule, nicht von sich erzählen, nichts von ihrem Schmerz, nichts von dem, was peinlich für die Familie sein könnte. Den Preis für das Wahren des Tabus zahlen die Kinder oftmals mit einer tief empfundenen Einsamkeit – sie fühlen sich meist auch unter nahen und vertrauten Menschen allein. Da der Kontaktfaden zu den Familienmitgliedern innerhalb der Festung nicht sicher ist, wie es insbesondere Kinder Drogen- oder alkoholerkrankter Eltern erzählen, fällt er auch in der Burg weg. Dann haben die Kinder weder innerhalb der Festung eine sichere Verbindung noch außerhalb. Dies kann eine so prägende Erfahrung darstellen, die das Gefühl, existentiell allein gelassen zu sein, ins Unermessliche verstärkt. Es ist wichtig, dass Menschen, die Verbindung zu betroffenen Kindern aufnehmen, um diese Festung wissen – sie müssen sich mit äußerster Vorsicht dem »Bollwerk Suchtfamilie« nähern, damit nicht vor ihrer Nase, und mit tragischen Folgen für die Kinder, die Zugbrücken hochgezogen werden.

Die Wunde der Gefühlsüberschwemmung – Taumel zwischen Schuld und Sehnsucht

Erleben ist maßgeblich durch Fühlen bestimmt. Menschen in Suchtfamilien sehen sich mit vielfältigen Gefühlen konfrontiert, die paradoxerweise alle vermeiden, weil sie niemand in der Familie haben möchte. Gefühle spielen in Suchtfamilien in vielerlei Hinsicht eine maßgebliche Rolle: Zum einen geht es dabei um Gefühle, die schon vor dem Auftreten der Sucht da waren und durch das Suchtmittel weggemacht werden sollen und zugleich um all die Gefühle, die mit dem Erleiden der Suchtkindheit verbunden sind. Der Suchtkranke will diese oftmals durch den Gebrauch des Suchtmittels wegbekommen. Ihre Partner bleiben meist ungehört auf ihren Gefühlen »sitzen«, ihre Kinder sollen möglichst, wenn sie schon fühlen, nur solche Gefühle zeigen, die keine Hinweise auf familiäre Schwierigkeiten oder Probleme zulassen und nicht noch den Eltern als zusätzliche Belastung erscheinen. Suchtkinder finden Strategien, mit diesen großen Gefühlen umzugehen: Sie vermeiden Gefühle, leiten sie auf andere Situationen um oder sie entwerten diese.

Gefühllosigkeit

Wenn die Gefühle in Suchtfamilien zu schwer und zu viel werden, gehen manche Suchtkinder in das Gefühl der Gefühllosigkeit – dann beschließen sie – meist wenig bewusst- nicht mehr zu fühlen, sind doch Gefühle offenbar weder angenehm noch irgendwie willkommen. Diese aus der Not entstandene Bewältigungsstrategie des Nicht-mehr-Fühlens ist ein Beschluss, der bis ins hohe Alter große Wirkung haben kann. Wer nicht mehr fühlt, bringt sich selbst und seine Mitmenschen, gerade auch Partner/innen, um einen zentralen Teil der Lebensqualität. Wenn wir schauen, welche Gefühle Kinder, die in Suchtfamilien aufwachsen, besonders belasten, dann zeigten sich zentral Schuld, Scham, Angst, Ohnmacht, Sehnsucht und Misstrauen, die sich oftmals unter einem Panzer der Gefühllosigkeit getarnt hatten, da Suchtkinder sich mit der Begegnung gerade dieser Gefühle natürlich sehr schwer taten.

Schuld

Wenn ein Gefühl als typisch und zentral im Erleben von Suchtkindern beschrieben werden kann, dann ist es das Gefühl der Schuld. Es ist allen Suchtkindern zu eigen. Wenn Kinder Eltern in Not erleben, dann geben sie sich selbst die Schuld für das Erlebte. »Wenn ich besser in der Schule gewesen wäre, dann hätte meine Mutter nicht so viele Tabletten nehmen müssen!«, so und ähnlich lauten Zuschreibungen, die den Kindern bis ins hohe Erwachsenenalter große Last sind – selbst, wenn sie als Erwachsene, wie sie es ausdrücken, vom Kopf her wissen, dass sie nicht schuld seien oder sich nicht wirklich schuldig gemacht haben, nagt tief im Inneren die Schuldwunde. Oftmals ist diese der Motor, Dinge zu tun, die Außenstehenden völlig unverständlich erscheinen. Erwachsene Kinder, die regelrecht verstoßen, misshandelt und geschlagen wurden bis zu ihrer In-Obhutnahme, haben dennoch den Eindruck, ihrer Familie etwas Gutes zurückgeben zu müssen. Es findet eine regelrechte Verdrehung statt: Eltern, die sich schuldig machen, so glauben Suchtkinder, werden erst durch sie selbst zu »Tätern«. »Meine Mutter hätte mich nicht geschlagen, wenn ich nicht so ein nerviges Kind gewesen wäre.«, sagt die 37jährige Lehrerin mit dem Brustton der Überzeugung. Schuld, die sie sich über Jahre zugeschrieben haben, arbeitet auch als massive Triebfeder ihres Handelns als Erwachsene, ohne jedoch als treibende Kraft identifiziert zu werden.

Oftmals sind die Schuldverstrickungen so ausgeweitet, dass sie auch die Geschwister- und Großelternebene mit betreffen: Die Kinder geben sich untereinander Schuld, bezichtigen sich und führen als erwachsene Geschwister regelrechte Kriege über Dinge, die scheinbar nichts mit der Suchterkrankung zu tun haben. Im Kern sind dies hilflose Versuche, die empfundene Schuld aufzuteilen oder abzugeben. Die Suchtfamilie versucht Zeit ihres Bestehens, Schuld zu verteilen. Erst, wenn es möglich wird, über die Suchterkrankung und ihre Folgen, über das erlittene Leid und überhaupt miteinander zu sprechen, gemeinsam zu trauern, kann ein Ausstieg aus unguten wechselseitigen Zuschreibungen möglich werden.

Scham und Beschämung

Wenn wir von Scham in Suchtfamilien sprechen, so geht es oftmals um stellvertretende Scham, die den Suchtkindern spätestens im Erwachsenenalter derart zu eigen geworden ist, dass sie diese als ihre eigene ansehen. In einigen der in diesem Buch abgedruckten Erzählungen von Suchtkindern wird überdeutlich, wie viel stellvertretende Scham eine Suchterkrankung mit sich bringen kann. Ob es nun das Torkeln, die Nichtansprechbarkeit des Kranken, der körperliche Anblick der Auswirkungen der Magersucht, die Statuseinbrüche vor der Öffentlichkeit bei Spekulationssüchtigen oder auch die oftmals mit der Suchterkrankung einhergehenden unkontrollierten Ausbrüche sind – Kinder schämen sich oft stellvertretend für ihre suchterkrankten Eltern. Wenn dies über mehrere Jahre passiert, schämen sich die erwachsenen Kinder einfach »an sich und »per se«, ohne noch um den Boden dieser Scham zu wissen. Suchtkinder fühlen sich oft, wie sie selbst glauben grundlos, einfach an und für sich »peinlich«.

Ebenso wie Scham ein ständiger Begleiter werden kann, ist auch die Kehrseite, die Schamlosigkeit, möglich. Wenn das Ausmaß an Scham und Beschämung zu groß ist, lernen Suchtkinder keinen angemessenen Umgang mit diesen Gefühlen – manche werden in der Folge schamlos. Leicht werden dann Grenzen bei anderen übertreten. Der »gute Geschmack« konnte nicht an Modellen erlernt werden. Im Gegenteil, wiederholt erfahrene Beschämungen durch Eltern können Modell für das eigene Handeln werden. Kinder und Erwachsene, die schamlos handeln, haben viel Beschämendes erfahren. Das Wegfallen von Hemmungen und Grenzen, das oft mit Suchtmissbrauch gekoppelt ist, wird dann den Suchtkindern zueigen. Es erschwert die Fähigkeit, angemessen mit anderen Menschen in Verbindung zu treten.

Kinder aus Suchtfamilien brauchen dringend frühzeitig weitere Kontaktpersonen über die eigenen Eltern hinaus, mit denen sie, vielleicht anders als in ihrer Familie, ein respektvolles und wertschätzendes Miteinander, vor allem einen gesunden Umgang mit Scham und Schamgrenzen, erfahren dürfen.

Angst

Wiederholte Krisen und das unberechenbare Verhalten des Suchtkranken lösen oftmals Angst aus: Treten beängstigende Situationen, wie etwa Gewalttätigkeit bei chronisch Alkoholkranken, über viele Jahre auf, wird aus Angst eine Grundangst. Sie wird zum Lebensgefühl, das oftmals zur zweiten Haut und damit zum ständigen Begleiter von Suchtkindern wird. Sehen wir Angst in ihrer archaischen Funktion, so ist sie evolutionär gesehen ein Gefühl, das den Menschen schützen soll, indem es vor Gefahren warnt. Ohne die Gefahrenwarnung, ohne das Gefühl der Angst hätten Urmenschen kaum überlebt. Kinder in Suchtfamilien werden oft in Daueralarm versetzt. Wer täglich und stündlich Angst haben muss, dass ihm nahestehende Personen gewalttätig werden oder sich selbst massiv schädigen, verliert Urvertrauen. Zugleich bildet sich, wenn diese Erfahrung über Jahre andauert und sie somit auch im Gehirn neuronal verschaltet wird, eine so tiefe neuronale Angstspur (Gerald Hüther spricht in diesem Zusammenhang von Trampelpfaden im Gehirn, die zu regelrechten Autobahnen werden können), dass diese, um im Bild zu bleiben, Autobahn auch dann noch gefahren wird, wenn sie eigentlich nicht mehr nötig wäre. Dann reicht bei erwachsenen Suchtkindern ein schiefer Blick, eine angespannte Atmosphäre, um Angst auszulösen. Schon kleine Veränderungen können Auslöser (in der Fachsprache auch als Trigger bezeichnet) sein und tief sitzende Ängste aufwühlen. Diese Suchtkinder fühlen sich als Erwachsene scheinbar »grundlos« ängstlich, da sie den Kern ihrer Ängstlichkeit, die Erfahrungen aus der Kindheit, »vergessen« haben. Mit archaischen Bewältigungsstrategien wie erstarren, flüchten und kämpfen versuchen sich Suchtkinder vor dem unsichtbaren Säbelzahntiger Sucht zu schützen. Sie benötigen dringend Menschen, die sich aufmachen, ihre Ängste ernst zu nehmen und deren Kern in der Vergangenheit identifizieren – als Kinder hätten sie, wie viele Erwachsene erzählten, dringend eine Anlaufstelle gebraucht, an der sie sich in Sicherheit wussten. Als hilfreich wurden im Rückblick sowohl private als auch professionelle Kontaktstellen beschrieben.

Sehnsucht

»*Ich wusste immer, dass hinter dem riesigen Berg an Schlimmem eine schöne Welt liegt. Nach dieser Welt habe ich mich die ganze schwere Zeit der Kindheit hindurch gesehnt und diese Hoffnung hat mich getragen. Ich weiß heute, dass dies meine Sehnsucht war. Und diese Sehnsucht hat mich gerettet.«, erzählt Frau R., 42 Jahre alt und Kind aus einer Familie mit Mehrfachabhängigen.*

Ein oftmals wenig beachtetes Gefühl unter Suchtkindern ist die Sehnsucht. Sehnsucht, oft schmerzhaft erlebt und deshalb verdrängt, zeigt sich als maßgeblicher Motor, sich auf die Suche nach einem besseren Leben zu machen – Sehnsucht dient offenbar als Motor in eine bessere Zukunft. Dabei ist es sehr unterschiedlich, wonach sich Suchtkinder sehnen – diese Sehnsucht muss oftmals erst in der therapeutischen Arbeit wieder entdeckt werden. Wiederbelebt erweist sie sich als starke Kraft bei der Suche nach einem guten Leben – ein Hoffnungsquell, der Schwere der Suchtkindheit zum Trotz, doch nach dem persönlichen Glück zu suchen. Darum wird es in späteren Kapiteln ausführlich gehen.

Die Wunde der Verstrickung – Suchtkinder im Sog der Abhängigkeiten

Die Sucht eines Elternteils ist mehr als Krise und Krankheit. Elterliche Sucht und ihr alltägliches Erleben prägen die Qualität und Struktur der Beziehungen aller Familienmitglieder und können, vor allem wenn sie über Jahre oder Jahrzehnte andauert, zur existenziellen Belastung werden, die weitere und nachfolgende Beziehungen der Kinder nachhaltig bestimmt. Die Suchterkrankung kann zugleich die Quelle vieler Beziehungsstörungen innerhalb der Familie sein, die daraus resultierenden Konflikte wiederum können Sucht-auslösend wirken. Suchtfamilien entwickeln jeweils spezifische Dynamiken und Konfliktlösungsstrukturen.

Die Bindungen der einzelnen Familienmitglieder einer Suchtfamilie untereinander sind zum Teil sehr intensiv, sie sind oftmals von großer Nähe und Abhängigkeit geprägt. Durch die unaufgelösten Probleme, die mit der Suchterkrankung einhergehen, entstehen oftmals abhängige Konstellationen.

Als besonders schädigend für Suchtkinder erweist sich die im Zusammenhang mit Sucht einhergehende Verstrickung mit einem Elternteil, durch die sie- oftmals in Verbündung gegen den anderen Elternteil (Triangulation) – auf eine Seite gezogen werden. Das passiert, wenn sich Funktionsebenen in der Familie auflösen und dadurch Kinder zu früh elterliche Aufgaben übernehmen müssen (Parentisierung) und wenn die Erfahrung gemacht wird, ins Leere zu greifen und übersehen zu werden, was zu Beziehungsfixierung und Selbstverlust führen kann.

Der suchtkranke Vater verbindet sich mit der Tochter so als wäre sie seine Partnerin – er bestraft so unbewusst die Mutter, seine Partnerin, für ihr Kontrollverhalten seiner Sucht und ihm gegenüber. Die Tochter wird gleichsam in eine Dauerloyalität mit dem Vater gezogen: Er beschließt, dass nur sie ihn aus der Kneipe holen darf, nur sie ihn wirklich verstehe etc. Mutter und Tochter geraten so unfreiwillig in eine Konkurrenzsituation, die schwer auflösbar erscheint. Die vom Vater bevorzugte Tochter beginnt zunehmend die Mutter für das Suchtverhalten des Vaters verantwortlich zu machen und wird von diesem »benutzt«. Später in ihrer Therapie identifiziert sie dieses Verhalten des Vaters als emotionalen Missbrauch.

Ähnlich kann die Verstrickung auch mit dem nichtsüchtigen Elternteil erfolgen, dann in Verbündung gegen den Süchtigen. Dramatisch für die derart ins Spiel genommenen Kinder ist die Erfahrung, dass die Eltern dies nicht für sie und in Sorge für ihr Wohl tun, sondern sie früh Teil eines elterlichen Machtspiels werden. Ein ungutes familiäres Spiel zwischen Loyalität und Verrat beginnt. Wer diesem emotionalen Missbrauch über Jahre der Kindheit hindurch ausgesetzt ist, hat es oft noch als Erwachsener schwer, sich aus Verstrickungen zu lösen. Spätere Partnerschaften von Suchtkindern können durch nicht aufgelöste Verstrickungen und deren Folgen in besonderem Maße belastet sein. Kinder mit jahrzehntelangen Verstrickungserfahrungen sind stark gefährdet, als Erwachsene in ähnlich dramatische Konstellationen zu geraten – sie scheinen diese regelrecht anzuziehen. Ein Ausstieg aus derartigen Verstrickungen ist oft nur durch einen Blick von Außen möglich.

In Suchtfamilien sind Kinder somit nicht nur Kinder, sie sind auch oftmals Partnerersatz und Teil eines Spieles in der elterlichen Paardynamik. Lange Zeit wurden gerade Kinder und Angehörige von der Suchttherapie eher als Mitverursacher der elterlichen Suchterkrankung angesehen, als diejenigen, denen etwas angetan wird. So wurden sie in Kliniken oder therapeutischen Zusammenhängen vor allem dann dazugeholt, wenn man familiäre Interaktionen und »Spiele« aufzeigen wollte, die es zu entlarven und unterbinden galt, um den Suchtkranken zu unterstützen. Dass Kinder in Familien mit Suchtkranken schwere Beziehungs- und Bindungsverletzungen erleiden, ist in der therapeutisch-klinischen Arbeit noch zu wenig zur Kenntnis genommen worden – es fehlt vielerorts an konzeptionellen Hilfestellungen für betroffene Kinder und erwachsene Angehörige.

Die Wunde der Leere – von Beziehungsjunkies und Beziehungsabstinenten

Süchtige Eltern sind in ihrer Beziehungsfähigkeit extrem eingeschränkt, sie kreisen um sich und ihre Sucht, was in der Regel ihre gesamte Aufmerksamkeit und Energie bindet. Ein Kind in einer Suchtfamilie kann sich oftmals weder mit Problemen an den Süchtigen wenden (es muss im Gegenteil sogar oft für diesen sorgen), noch bekommt es selbst notwendige Unterstützung.

» *Wenn mein Vater mal zu Hause war und nicht auf Droge, dann war er trotzdem nicht da. Ich hätte ihm nie eine Frage stellen dürfen. Wie hinter einer Glaswand wohnte er missmutig in seiner eigenen Welt, zu der ich keinen Zutritt hatte. Wenn ich ihn fragte, ob wir etwas zusammen unternehmen könnten, schaute er wie durch mich hindurch oder fand einen Vorwand, warum das nicht ginge. Mein Vater hatte nur zwei Professionen, denen er sich allein verpflichtet fühlte: seine Kunst und seine Sucht. Daneben hatte nichts mehr Platz. Überhaupt war er ein Mensch, der nicht gern mit anderen Menschen zu tun hatte. Ich habe ihn sehnsüchtig beobachtet und auf einen Moment gehofft, in dem er mich doch mal sehen wird. Ich kannte ihn dadurch besser als irgendjemand sonst, besser auch als meine Mutter. Er war mir vertraut wie mein eigenes Ich. Dass ich so auf ihn konzentriert war, meine große Sehnsucht und mein Leiden, all das hat er nie bemerkt.*

Wer wie Herr I. in Leere greift, und das immer wieder, macht eine existentielle und maßgeblich prägende Bindungserfahrung, die seine sozialen Kontakte nachhaltig bestimmen kann. Herr I. glaubt Zeit seines Lebens, dass er sich besonders anstrengen müsse, um geliebt zu werden. Er erbringt Leistungen und damit etwas, von dem er glaubt, dass es dem Vater gefallen wird. Ohne Erfolg, wie er empfindet. Viele Suchtkinder beschreiben als Erwachsene Beziehungsprobleme.

Suchtkinder wissen oftmals nicht, wie gleichberechtigte und aufrichtige Beziehungen gelebt werden können. Sie wissen dann nicht, was in Beziehungen normal ist. Es fehlt ihnen, insbesondere wenn der zweite Elternteil hier nicht kompensieren konnte oder beide Eltern gar an Bindungs- und / oder Suchtproblemen erkrankt waren, geeignete erwachsene Modelle als Vorbilder. Der Mangel an elterlicher Zuwendung kann massive Folgen auf der Beziehungsebene haben. Dabei lassen sich vor allem zwei Phänomene beschreiben: Die eine Gruppe der erwachsenen Kinder kann kaum noch ohne Beziehung auskommen, braucht nahezu in jedem Augenblick Kontakt, um sich nicht einsam und allein zu fühlen. Die andere Gruppe vermeidet Beziehungen und ist, um im Sprachgebrauch der Suchttherapie zu bleiben, als beziehungsabstinent zu bezeichnen. In der stärksten Ausprägung lässt sich die erste Gruppe als Beziehungsjunkies beschreiben, die sich, ohne darauf zu achten, ob die jeweilige Beziehung gut tut, mit Leib und Seele und unter Aufgabe ihrer selbst an andere binden. Sie möchten nun von ihrem Partner oder ihrer Partnerin all das bekommen, was sie so schmerzlich in der Kindheit vermisst haben. Diese Suche nach Ersatzeltern ist nicht nur auf den Bereich der Partnerbeziehung beschränkt. Auch Chefs, ältere Freund / innen, Therapeut / innen können als ein solcher Ersatz von erwachsenen Kindern ausgewählt werden. Oftmals ein Prozess, von großer Innigkeit und tiefer Zuneigung geprägt, der eine große Gefahr des Scheiterns beinhaltet: Übergroße Bedürftigkeit birgt das Potential der Überforderung. Erwachsene Suchtkinder, die sich über die Maßen anstrengen und überfordern, um etwa vom Chef oder der Chefin endlich Zuwendung zu bekommen, etwa ein Lob für die Anstrengung, das eigentlich schon seit Kindheitstagen von den Eltern aussteht, werden beinahe zwangsläufig nicht das bekommen, was sie im Kern suchen. Die Gefahr neuerlicher Enttäuschung ist groß. Wenn die derart auserkorenen Ersatzeltern nicht um dieses Phänomen wissen (in der Therapie benennen wir dieses Phänomen als Übertragung und Gegenübertragung), kann es zu eklatanten Störungen und existenziellen Problemen des Miteinanders kommen, deren Ursache unerklärlich erscheint. Das Phänomen der Übertragung (also vereinfacht gesprochen, einem anderen Menschen die Elternrolle zu übertragen) kann in Betrieben und Vereinen, in allen Systemen auch außerhalb der Familien, eine große Rolle spielen. Niemand weiß dann, dass hier kindliche Rechnungen offen stehen, die schwer zu begleichen sind und große Probleme verursachen.

»*Meine Kindheit war ein einziges Warten auf meinen Vater, also eigentlich habe ich am Anfang gar nicht ich auf ihn gewartet, sondern meine Mutter. Weil sie nie wusste, wann und ob er zu trinken beginnen würde, war sie immer auf ihn bezogen. Fünf Minuten Verspätung erfüllten sie mit erstem Magengrummeln, weitere 15 Minuten später aufgeregtes Auf- und Abgehen, 30 Minuten hieß: Er kommt nicht, er hat zu trinken begonnen. Während meine Mutter und ich in den ersten Jahren ängstlich nebeneinander hockten und uns ausmalten, wo genau und wie mein Vater gerade trinken könne und ob er schon irgendwo betrunken liege und ähnliches, wir uns die letzten Stunden mit ihm in Erinnerung riefen, um fest zustellen, ob wir uns schuldig gemacht hatten, dass er angefangen hatte zu trinken. Hatten wir irgendetwas gesagt oder getan, von dem er später behaupten würde, er sei dadurch in das Trinken getrieben worden, fingen wir an, als ich älter war und Moped fahren konnte, kleine Touren zu unternehmen und uns etwas Nettes zu gönnen. Eigentlich lebten meine Mutter und ich dann wie ein Paar. Ich packte sie hinten auf meine Karre, wie ich sie nannte, meine kleine Maschine, und ich war froh, dass meine Mutter schon beim Aufsteigen ein bisschen froher aussah. Sie mochte nicht, wenn ich Freundinnen traf und Verabredungen hatte. Wenn mein Vater trank, brauchte sie es, dass ich ganz und gar für sie da war. Wenn mein Vater wieder aufhören wollte zu trinken, sich die ersten Selbstvorwürfe machte und heilig versprach, aufzuhören und abstinent zu sein, war meine Betreuungsaufgabe fürs Erste beendet und ich sollte fortan wieder Sohn sein und das Paar möglichst wenig stören. Misslang das Aufgeben der Sucht, so war ich wieder »dran«. So habe ich mit einer sehr großen Nähe zu meiner Mutter gelebt und fühlte mich zugleich fortlaufend von ihr verlassen. Von meinem Vater ja eh. Vielleicht rührt das aus dieser Zeit, dass ich bis heute hin auf Partnerinnen sehr fixiert bin und warte und warte: Ruft sie mich an, schreibt sie mir eine SMS oder geht sie aus dem Kontakt? Wie an einem Faden hänge ich mit demjenigen, den ich liebe oder wichtig finde. Ich habe erst nach Jahren in der Therapie gemerkt, dass das nicht mein Lebenssinn sein kann, zu warten, ob jemand Kontakt aufnimmt oder nicht. Ich merkte erst später, dass es ein glückliches Leben gibt, das nichts mit der An- oder Abwesenheit eines nahen Menschen zu tun hat. (Herr I., 38 Jahre)*

Menschen wie Herr I. erleben sich in Beziehungen oftmals so abhängig und ausgeliefert, dass sie im Folgenden Beziehungen ganz vermeiden. Sie wählen, dem Suchtentzug entsprechend, die Beziehungsabstinenz und ziehen sich vor emotionaler Nähe und Liebe zurück. Nie mehr wollen sie so stehengelassen und emotional missbraucht werden. Das, was ihnen in der Kindheit angetan wurde, soll ihnen nie wieder passieren. Sie vermeiden tiefe Gefühle, im letzten vermeiden sie sich und ihre Nähewünsche. Oftmals erfolgreich und unabhängig erscheinend, sitzt unter dieser Maske ein verletztes und sehr bedürftiges Kind, das wie Dornröschen hofft, dass sich endlich jemand durch die Dornen quälen und sie aus der tiefen Einsamkeit erlösen möge. Ein gesundes Maß in ihren Beziehungen zu finden, das stellt für viele Suchtkinder eine Lebensaufgabe dar.

Die Wunde der Heimatlosigkeit – von der unendlichen Suche der Suchtkinder

Wenn Menschen in Suchtfamilien aufwachsen, bleibt eine Rechnung offen. Oft sind Suchtkinder lebenslänglich auf der Suche nach einem Ort, an dem sie sich zu Hause fühlen: endlich irgendwo Kind sein dürfen, doch noch eine intakte Familie zu finden, Zugehörigkeit spüren. Wenn Suchtkinder sich in ihrer Sehnsucht nicht aufgegeben haben, können sie eine große Fähigkeit darin entwickeln, Gruppen und Systeme zusammenzuhalten, zu binden, Ideale zu fördern und ein neues Gruppenklima, eine familiäre Gemeinschaft an anderen Orten zu erschaffen. Das finden sie in Ehrenamtsgruppen, religiösen Gemeinschaften oder überhaupt Vereinigungen, in denen Menschen die Sehnsucht der Realisierung eines Herzensanliegens gemeinsam leben. In ihrer großen Sehnsucht nach Zugehörigkeit unterliegen Suchtkinder auch der Gefährdung, unter den Einfluss sektiererischer Gemeinschaften zu geraten.

Oftmals ist es für erwachsene Kinder aus Suchtfamilien ein großer Schritt, wenn sie, trotz der erlittenen Verletzungen durch die eigenen Eltern, wagen, selbst Eltern zu werden. Es kann gerade für diese Kinder eine sehr beglückende Erfahrung sein, endlich Heimat und Zugehörigkeit, vielleicht Liebe und Fürsorge zu finden. Eine Gefahr besteht darin, die erlebten Beziehungsstrukturen in der eigenen Familie nachzuholen. Oftmals gibt es einen großen Wunsch bei Suchtkindern, gerade das zu vermeiden, was die eigenen Eltern getan haben. In mehrfacher Hinsicht ergeben sich Fallen: in der Partnerwahl ebenso wie in der Elternschaft; in beiden Fällen besteht die Gefahr, dass Suchtkinder nun selbst nahe stehende Menschen mit elterlicher Verantwortung überfrachten, insbesondere ihre eigenen Kinder und Kindeskinder. Auch im therapeutischen Kontext besteht die Gefahr, Suchtfamilienkonstellationen zu wiederholen, insbesondere dann, wenn Therapeuten mit dieser spezifischen familiären Dynamik wenig vertraut sind.

Suchtkinder in der Partnerschaft

Oftmals suchen Suchtkinder genau solche Menschen als Partner/innen, die Ähnlichkeiten mit den eigenen Eltern haben. Dies erscheint Außenstehenden sehr befremdlich: Wollten die Suchtkinder denn nicht endlich den Menschen und Strukturen, an denen sie litten, entkommen? Oftmals sind diese Parallelen nicht auf den ersten Blick zu erkennen, sondern erst nach einigen Jahren, etwa in der neu gegründeten Familie, treten die alten Strukturen auf. Diese Neigung zur Wiederholung alter Strukturen zeigte sich in vielen Familien und das oftmals über mehrere Generationen. »Trinkende Männer« (schon in der Urgroßvaterreihe etc.), »Verzweifelt-resignierte Mütter«, »Zu früh erwachsene Kinder« oder »Betrogene Mütter, die eine Ess-Störung entwickeln« und »Abweisende Väter« u. ä. scheinen die Weitergabe und Wiederholung familiärer Muster der Suchtbelastung zu bestätigen. In der Fachsprache spricht man hier von familiären Delegationen, ungelösten Aufträgen, die von Generation zu Generation weitergegeben werden. Und wie von unsichtbaren Magneten geleitet scheinen Suchtkinder dann Partner zu finden, die exakt diese Musterwiederholung möglich machen, die die Suchtkinder auf der bewussten Ebene so gern vermeiden wollten.

Kinder in Suchtfamilien lernen vor allem, dass sie nicht belasten dürfen. Sie sollen möglichst keine Probleme machen und nicht auffallen, damit die Sucht nicht auffällt. Dies ist für diese Kinder auch eine Botschaft, wie sie in Beziehung gehen sollen. Nicht auffallen, sich anpassen, nichts in Anspruch nehmen usw. Auf diese nicht ausgesprochene Forderung reagieren Suchtkinder unterschiedlich:

Ein Teil der Kinder übernimmt diesen Auftrag perfekt und füllt ihn auch mit späteren Partnern aus. Sie lesen jeden Wunsch von den Augen ab, spüren, was gewünscht wird, bevor es überhaupt ausgesprochen wird. Sie passen sich an, kriechen in den Partner hinein, sodass diese Verbindung zunächst oft als traumhaft schön empfunden wird (sie haben sich noch nie so gut verstanden und aufgehoben gefühlt). Diese Selbstaufgabe wird dann als selbstverständlich vorausgesetzt. Wie soll ein Partner Dankbarkeit zeigen für etwas, das er nicht einmal bemerkt! Die Selbstaufgabe ist den Suchtkindern so selbstverständlich und wird so perfekt gelebt, dass sie vom Gegenüber – und manchmal auch von ihnen selbst – kaum wahrgenommen wird.

Irgendwann wird eine derartige Verschmelzung langweilig, die Symbiose stresst. Es wird anstrengend, alles gemeinsam zu tun, sich nicht zu unterscheiden, gleiche Bedürfnisse haben zu müssen u. ä. Die Beziehung gerät in die Krise – dies erleben Suchtkinder neuerlich als existentiell bedrohlich. Die Angst vor Verlust ist riesengroß. Bei manchen ist sie so groß, dass sie augenblicklich bei ersten Anzeichen eines drohenden Partnerverlustes selbst den Bruch herbeiführen. Sie gehen aus der Beziehung, bevor sie verlassen werden könnten.

Suchtkinder als Eltern

Gerade, wenn die Partnerwahl nicht glücklich verlaufen ist, besteht die große Gefahr, dass nun die Kinder der Suchtkinder das geben sollen, was die Suchtkinder von ihren Eltern nicht bekommen haben – gleichsam eine Weitergabe (Delegation) in die übernächste Generation der Enkel erfolgt. Die Kinder von Suchtkindern laufen Gefahr, nun ebenfalls zu früh elterlich sorgende Verantwortung zu übernehmen. Oftmals geschieht diese Form der Parentisierung nicht auf der äußeren Ebene, also im Sinne einer Übernahme von Haushaltsverantwortung etc., die die Suchtkindgeneration oft selbst erlebt hat, sondern zeigt sich als eine übergroße und immense innere emotionale Gebundenheit der zweiten Generation. Diese Gefahr der elterlich-emotionalen Einbindung ist besonders groß, wenn erwachsene Suchtkinder als Eltern über ihr eigenes Leid der Kindheit nicht sprechen können. Dann entsteht ein diffuser Wiedergutmachungspakt zwischen Suchtkind und eigenem Kind, der schwer aufzudecken und zu lösen ist.

Diese Sehnsucht nach Auflösung der tabuisierten Familienthemen lässt Suchtkinder, und das wirkt auf den ersten Blick unvernünftig, ähnliche Partner- und Familiensituationen neu aufsuchen. Aus der Not, das familiäre Tabu endlich aufzulösen, werden Suchtkinder zu Wiederholern – die gekränkte Seele schreibt im Unterbewussten ein logisches Drehbuch der Suche nach kreativer Auflösung von familiären Verletzungen aus der Kindheit durch die Generationen (transgenerationale Belastungsdelegation).

Suchtkinder in der Therapie

Suchtkinder suchen nach Heilung und einem Ort, dem sie sich zugehörig fühlen: manche rastlos ihr Leben lang, manche an allen unmöglichen und möglichen Orten, bei (Geist-)Heilern, (Psycho-) Therapeuten und Gurus. Dieses Dranbleiben und Suchen ist ihnen, im Angesicht der oft zahlreichen schlimmen Erfahrungen, nicht hoch genug anzurechnen. »Wer heilt, hat recht«, heißt ein altes Sprichwort. Bedenklich stimmt allerdings die Tatsache, dass nicht wenige Suchtkinder über negative Erfahrungen im therapeutischen Kontext berichteten: Sie fanden sich zum Teil, fern der ersehnten Heilung, wenig unterstützt, sondern vielmehr in neuerliche Krisen gestürzt. Auch wenn diese Erfahrungen nicht die Regel darstellen, möchte ich dieses traurige, und leider auch unter Therapeuten stark tabuisierte Thema, hier nicht auslassen. Denn: jeder »Fall«, in dem sich kindliches Drama im therapeutischen Setting wiederholt, ist einer zu viel!

Suchtkinder tun sich meist per se schwer, therapeutische Hilfe aufzusuchen. Zum einen führt die Nichtanerkennung der eigenen Kindheitsbelastung (wir erinnern uns: da die Eltern meist vorgaben, nicht an einer Suchterkrankung zu leiden, kann das Kind folglich auch an nichts leiden) zu der Annahme, keine Hilfe zu benötigen, da man nichts »Besonderes« erlitten habe. Zum anderen führen negative Beziehungserfahrungen aus Kindheitstagen zu großem Mistrauen gegenüber jeder Art von Autorität und gegenüber Menschen überhaupt, die sich Suchtkindern annähern wollen. Das macht die Beziehungsarbeit für Suchtkinder und Therapeuten zu einer schwierigen Kunst. Wenn diese Kunst gelingt, kann sie sehr weiterführend sein und eine große Bereicherung für die weitere Lebensqualität bedeuten. Für viele Suchtkinder ist dann Therapie ein wichtiger Schutzraum, von dem aus positive Veränderung möglich werden kann.

Gerade die Schwere der erlittenen Verletzungen führt jedoch zum Teil dazu, dass Suchtkinder, schnellen Heilsversprechungen blind Glauben schenkend, sich orientierungslos blindwütig durch eine Pseudopsycholandschaft bewegen – leider scheint nicht einmal das staatliche Siegel »Kassenzulassung« vor Negativerfahrungen zu schützen.

So berichteten Suchtkinder, dass ihnen, erzählten sie real erlebte Schrecken der Suchtkindheit, kurzerhand Wahnvorstellungen, Psychosen, Spaltungen zugeschrieben wurden – es kam zum Teil zu eklatanten Fehlinterpretationen: Erlittene Traumatisierungen wurden fälschlich als Wahrnehmungsverschiebungen eingeschätzt. Suchtkinder fühlten sich verständlicherweise verletzt, sahen sie sich doch Therapeuten gegenüber, die offenbar weder in der Lage waren noch Willens schienen, das Leiden der Kindheit überhaupt anzuhören, geschweige denn sich diesem achtsam und verstehend zu nähern – vielmehr wurden Erzählungen abrupt gestoppt, indem eilfertig psychische Erkrankungen diagnostiziert wurden – eine Tendenz zu vorschneller Pathologisierung ist hier zu beobachten.

Ebenso beschrieben Suchtkinder ungute Wiederholungen schlechter Beziehungserfahrungen. Co-abhängige Strukturen ihrer Herkunftsfamilien wurden offensichtlich reinszeniert, ohne entsprechendes professionelles Wissen auf der Therapeutenseite. Eine seltsam anmutende Schlüssel-Schloss-Passung, übergroße Nähe etwa im Wechsel mit kühler Distanz, kennzeichnete von Beginn an diese abhängigen Bindungen an Therapeuten. Statt um ihre suchterkrankten Familienmitglieder kreisen diese Suchtkinder um »sonderbare« Therapeuten. Insbesondere in Therapien, in denen bereits nach kurzem Kennenlernen dazu animiert wurde, traumatische Konstellationen der Kindheit nachzuerleben, fanden sich Suchtkinder teils in hilflosen Regressionszuständen (Zurückgehen in kindliches Erleben) wieder. Wo traumatisch Erlebtes »mal eben« an die Oberfläche katapultiert wird, ist Vorsicht angeraten – hoch gespülte Gefühle aus Kindheitstagen gehören in professionell geschulte Hände, ansonsten wird Retraumatisierungen, emotionalem Missbrauch und co-abhängigen Strukturen Tor und Tür geöffnet. Machen Suchtkinder diese schlimmen Erfahrungen nun neuerlich in einer Therapie, also in einem Bereich, wo sie eigentlich Schutz und Fürsorge erwarten dürfen, ist dies vernichtend und tragisch. Die Identität der Suchtkinder gerät ins Wanken. Beschämt und noch tiefer selbst verunsichert, erdulden Suchtkinder derartiges lange schweigend, stumm, neuerlich ohne Worte für Erlittenes – oftmals, um Therapeuten in alt vertrauter Suchtfamilienloyalität zu schützen und zugleich hoffend, dass alles doch noch gut werde. Manche Suchtkinder fühlen sich, ebenfalls bestens aus Kindheitstagen bekannt, für überforderte Therapeuten verantwortlich. Weil sie die Bedürftigkeit des Therapeuten spüren, harren sie, jeder Logik zum Trotz, in der ihnen wenig zuträglichen Beziehung aus. In der frühkindlichen Erfahrung gefangen, glauben sie, nicht verlassen zu dürfen.

Negative Erfahrungen traten vor allem dort auf, wo Therapeut/innen im Feld der familiären Suchtbelastung offenbar wenig erfahren und ausgebildet waren, Spontanheilungen in Aussicht gestellt wurden – wenn man nur bereit sei, noch einmal durch das Schreckliche »hindurchzugehen« – oder wo leichtfertig Rollenvermischungen und unklare Grenzziehungen an der Tagesordnung waren. Für Suchtkinder ein gefährliches Terrain: unbedingt zu vermeidende Tretminenfelder mit unberechenbarem Zündstoff!

Ich kann es nicht oft genug wiederholen: Heilung braucht Zeit! Wenn jemand verspricht, man könne von Lasten der Kindheit in einem Wochenende oder in ein paar Tagen befreien, so grenzt das an Scharlatanerie. Hier ist zu fragen, ob ein echtes Interesse an der Heilung des

Leidens der Suchtkinder besteht oder vielmehr Eigeninteressen, etwa wirtschaftlicher Art oder emotionale Bedürftigkeiten, stark in den Vordergrund geraten sind.

Grundlegende Kenntnisse über die Wiederholung familiärer Dynamiken in der Therapie, der Umgang mit Übertragungs- und Gegenübertragungsmechanismen sowie deren regelmäßige Supervision sollten zum kleinen 1x1 jeder therapeutischen Arbeit mit Suchtkindern gehören. Scheuen Sie sich nicht, Therapeuten im Erstkontakt darüber zu befragen. Sollten Sie sich nach therapeutischen Sitzungen regelmäßig schlechter fühlen als zuvor, ist Ihr Misstrauen ernstzunehmen – ebenso sollte dies Ihr Therapeut tun. Bei wiederholten Zweifeln sei empfohlen, Freunde, Angehörige oder Beratungsstellen aus dem Suchtbereich zusätzlich zu Rate zu ziehen – dies ist kein Verrat! Ein gut ausgebildeter Therapeut wird sich dahingehend gesprächsbereit zeigen und Ihnen dies sicher nicht verübeln.

Die Wunde der Entwertung – wenn alles ver-rückt!

Wenn eines in der Suchtfamilie sicher ist, dann das, dass nichts sicher ist. Heute noch müssen sich die Kinder an rigide Regeln halten, am nächsten Tag im Suchtschub sind diese komplett außer Kraft gesetzt und niemand scheint sich überhaupt noch zu erinnern, dass am Vortag andere Regeln galten.

Die Werteverschiebung in den Familien mit Suchtkranken hat zur Folge, dass sich Bewertungen verkehren und umdrehen. Während Kinder vielleicht als schlimm erleben, dass Mama nichts mehr isst, wird dieses Phänomen familiär ausgeblendet und umbewertet: es gehe nicht um das Essverhalten der Mutter, wird der 11jährigen Tochter erklärt, sondern worauf sie sich zu konzentrieren habe, sei, dass die Wohnung aufgeräumt sei.

Wer tagtäglich eine Welt erlebt, in der Wertungen auf den Kopf gestellt werden, weiß irgendwann nicht mehr, was wichtig und was unwichtig ist. Letztlich fühlen sich diese Kinder selbst unwichtig und bedeutungslos, es wird ihnen schließlich alltäglich vorgelebt, dass das, was ihnen wirklich wichtig ist, bedeutungslos zu sein scheint. Daraus wird, wie sich in der Praxis zeigt, leicht die Zuschreibung: ich bin nicht wichtig.

Eng verknüpft ist die Wunde mit den Auswirkungen der jeweiligen Suchtform. So glauben oftmals erwachsene Kinder von magersüchtigen Müttern, dass sie nur wichtig seien, wenn sie besonders dünn sind, wenig und kontrolliert äßen, während viele Kinder alkoholkranker Eltern annehmen, nur von Bedeutung zu sein, wenn sie eine besonders gute Stimmung verbreiteten und keine Probleme machten usw.

Wenn Kinder in Suchtfamilien aufwachsen, so geht es in der Regel um sehr viele Dinge, allerdings kaum und am wenigsten um sie selbst. Der Suchtkranke kreist um sich selbst, miterziehende Partner/innen um diesen: die mitbeteiligten Kinder haben so kaum eine andere Chance, als sich auch mit dem Beobachten und Verhindern von Sucht zu beschäftigen. Wenn man Kinder aus Suchtfamilien, in denen die Sucht offen gelebt wird, fragt, wie es ihnen gehe, ist es nicht untypisch, dass sie gar keine Auskunft über sich selber und ihr Befinden geben, sondern erzählen, wie es dem süchtigen Elternteil gerade gehe. Auch bei neuerlichem Nachfragen ist meist nur eine Auskunft über das Befinden des Suchtkranken, nicht über sie selbst, zu bekommen. Wenn Kinder über Jahre in solch belasteten Zusammenhängen aufwachsen, alltäglich Krisen und existentielle Bedrohliches erleben, gehen sie sich selbst irgendwann in ihrer Bedeutung verloren: Sie kreisen, so wie der Süchtige um sich und seine Sucht kreist, nur noch um ihn, den Kranken. Das Wohlbefinden des Suchtkranken wird ihnen so sehr zum eigenen Anliegen, dass sie sich selbst für dieses Ziel, ein gesundes Elternteil zu haben, aufgeben. Ihre eigene Person (auch bedingt durch die Täuschung und Tabuisierung) geht ihnen zunehmend wie auch ein eigener Standpunkt verloren. Sie sind zutiefst in ihrer gesamten Lebensausrichtung am Suchtkranken oder seinem Partner orientiert und werden dies so sehr verinnerlichen, dass es ihnen oft ein Leben lang zur zweiten Haut wird.

»Ich muss stockdumm sein!« – wie Wertungen beim Lernen stören

Wenn Kinder zu Hause nicht wirklich wahrnehmen dürfen, was richtig und falsch ist, was wichtig und unwichtig, dann geht ihnen diese »verquere« Art zu bewerten, der gesamte Bewertungsprozess, in Fleisch und Blut über. In der Folge haben derart verunsicherte Kinder oftmals aufgrund der beschriebenen Probleme weniger Erfolg beim Lernen – sie haben diese Probleme oftmals jedoch nicht wegen mangelnder Intelligenzleistungen, sondern wegen ihrer Wahrnehmungsverunsicherung, die auf den Täuschungsprozessen in der Herkunftsfamilie beruhen.

»*Frau R., 62 Jahre alt, erzählt begeistert, dass sie vor vier Jahren begonnen habe, das Abitur nachzumachen: »Ich bin völlig überrascht, wie leicht mir das fällt, denn ich war früher eine sehr schlechte Schülerin. Ich konnte mich überhaupt nicht konzentrieren und habe mich folglich für sehr dumm gehalten. Dafür habe ich mich ein Leben lang geschämt. Erst heute ist mir klar, dass der ganze Palaver zu Hause mich so beschäftigt hat, dass ich mich in den Stunden weggeträumt habe, in eine schönere Welt, wo Kinder versorgt und geliebt wurden von Feen und Puppen. Ich wusste die Antworten auf Fragen des Lehrers nicht. Die anderen Kinder lachten mich aus, einige sagten, dass ich dumm sei. Wie sollte ich bei dem Chaos zu Hause wissen, was richtig und falsch ist, wonach der Lehrer fragt, wo ich mit ganz anderen Dingen den Kopf voll hatte. Mit all diesen Problemen allein gelassen, hatte ich nur eine Erklärung: Ich muss stockdumm sein. Ich habe mir nichts zugetraut und war damit beschäftigt, dass die anderen nicht bemerken, wie dumm ich bin.«*

Was passiert: beim Lernen müssen Kinder im Hier und Jetzt entscheiden, in jedem Lernschritt wie auch in ihrer gesamten Entwicklung, was richtig und falsch, wichtig und unwichtig und neu und bekannt ist. Diese Bewertungsleistung muss das Gehirn permanent erbringen. Wenn dieser Mechanismus bei Kindern aus Suchtfamilien gestört ist, können sie nicht angemessen lernen, Entwicklungsbeeinträchtigungen können die Folge sein.

Viele Suchtkinder ringen auch als Erwachsene insbesondere um Wertmaßstäbe und Orientierung. Dabei brauchen sie andere Menschen, die ihnen aufrichtige Rückmeldungen geben, ob etwas wahr, angemessen, richtig, zu viel usw. ist.

5 Die Masken des Tabus – Leinwandhelden auf der Bühne des Lebens

Suchtkinder suchen in der Überforderung der Situation der Kindheit, insbesondere wenn diese über Jahre und Jahrzehnte anhält, nach Bewältigungsstrategien. Eine Bewältigungsstrategie kann in der Übernahme einer Rolle liegen – und diese ist in der Regel weder mit Namen oder als personifizierte Held / in bewusst, sondern gelebt wird ein stereotypes Charaktereigenschafts-Paket, das zum Hilfs-Ich werden kann. Dieses Rollenmodell bietet zunächst Sicherheit und Orientierung – wird es über viele Jahre und starr gelebt, weil Krisen nicht aufhören, scheinen Betroffene wie in einem Korsett festzustecken.

Ich möchte Sie auf den folgenden Seiten zunächst zu einem Test einladen, dessen Bearbeitung ca. 30 Minuten Zeit beanspruchen wird. Hier können Sie etwas über sich und Ihre Rolle auf der Bühne des Lebens erfahren. Ich weise ausdrücklich darauf hin, dass dieser Test kein Persönlichkeitstest und nicht als Urteil über Sie verstanden sein will. Er soll ein Versuch der spielerischen, vielleicht auch humorvollen Annäherung an ein Lebensthema von Suchtkindern darstellen. Im Anschluss können Sie anhand der Auswertung eine Zuordnung zu einer oder mehreren Rollen treffen und über diese erste Hilfen erfahren. Sie können diesen Test auch durchführen, wenn Sie nicht in einer Suchtfamilie aufgewachsen sind – vielleicht bekommen Sie interessante Einsichten und Anregungen.

5.1 Selbsttest: Meine Rolle – Meine Sehnsucht

In diesem Test können Sie etwas über sich und ihre Rolle auf der Bühne des Lebens erfahren. Sie können ebenfalls der Frage nachgehen, welche Sehnsucht Ihrer Rolle zugrunde liegt. Wenn Sie nicht gerne Tests bearbeiten und diesen, wie ich finde, oftmals auch zu Recht, ein gesundes Misstrauen entgegenbringen, so können sie diesen Test überspringen und die Rollenbeschreibungen nur lesen. Vielleicht macht es Ihnen Spaß, dabei selbst herauszufinden, welche Rolle Ihnen am ehesten zuzuschreiben ist.

Hinweise zur Bearbeitung des Fragebogens

Auf der nächsten Seite finden Sie insgesamt 32 Aussagen, die persönliche Verhaltensweisen und Gewohnheiten betreffen. Bitte überlegen Sie bei jeder Aussage, in welchem Maße diese auf Sie zutrifft. Zur Beurteilung steht Ihnen eine sechsfach abgestufte Skala zur Verfügung. Wenn Sie den Eindruck haben, dass eine Aussage voll und ganz auf Sie zutrifft, dann tragen Sie bitte – wie im folgenden Beispiel – die Punktzahl 6 aus dem äußersten rechten Feld ein:

Trifft überhaupt nicht zu	Trifft eher nicht zu	Trifft eher zu	Trifft etwas mehr zu	Trifft zu	Trifft völlig zu
1	2	3	4	5	6

Wenn Sie der Ansicht sind, dass die Aussage überhaupt nicht auf Sie zutrifft, tragen Sie bitte die Ziffer eins in das entsprechende Kästchen ein.

Frage: Haben Sie Respekt vor Autoritäten?

Antwort: Nein, ich habe keinen Respekt vor Autoritäten = 1
Ich habe wenig Respekt vor Autoritäten = 2
Ja, ich habe Respekt vor Autoritäten = 6

usw.

Wenn Sie der Auffassung sind, dass die Feststellung weder voll noch überhaupt nicht auf Sie zutrifft, können Sie sich für einen Skalenpunkt zwischen den Extremen entscheiden, also etwa Punktzahl drei oder vier.
Bitte denken Sie nicht zu lange über eine Aussage nach, sondern treffen Sie möglichst spontan eine Wahl. Es ist wichtig, dass Sie keine Aussage auslassen.
Überlegen Sie bitte nicht, welche Beantwortung möglicherweise auf den ersten Blick einen bestimmten Eindruck vermittelt, sondern stufen Sie die Aussagen so ein, wie es für Sie persönlich am ehesten zutrifft. Es gibt keine richtigen und keine falschen Antworten. Nur bei einer Bearbeitung, die so wahrhaftig wie möglich erfolgt, kann sichergestellt werden, dass Ihre Ergebnisse in sich logisch und stimmig sind.
Bei der Bearbeitung werden Sie möglicherweise den Eindruck gewinnen, dass einige Formulierungen inhaltlich ähnlich sind. Bitte lassen Sie sich dadurch nicht irritieren und antworten Sie wie oben erläutert. Wenn Situationen beschrieben werden, die Sie noch nicht persönlich erlebt haben, dann schätzen Sie bitte ein, wie Sie sich in diesen wahrscheinlich verhalten würden.
Beurteilen Sie dazu bitte die folgenden Aussagen, indem Sie in das Kästchen die entsprechende Ziffer eintragen!

Trifft überhaupt nicht zu	Trifft eher nicht zu	Trifft eher zu	Trifft etwas mehr zu	Trifft zu	Trifft völlig zu
1	2	3	4	5	6

1. Ich habe meist für jedes Problem eine Lösung. ☐
2. Für mich ist Gerechtigkeit ein zentrales Anliegen. ☐
3. Ich ertappe mich oft, dass ich mich mehr mit dem beschäftige, was andere tun als mit mir selbst. ☐
4. Ich vertraue darauf, dass es eine höhere Kraft gibt. ☐
5. Meine Begabungen sind vielen Menschen um mich herum nicht bekannt. ☐

6. Ich habe wenig Respekt vor Autoritäten. ☐
7. Für mich ist die Anerkennung durch andere eher unbedeutend. ☐
8. Ich bin anderen Menschen gegenüber eher misstrauisch. ☐
9. Ich neige in vielen schwierigen Situationen dazu, witzige Bemerkungen einzuwerfen. ☐
10. Ich helfe den Schwachen der Gesellschaft. ☐
11. Ich werde von anderen als Lebenskünstler/in bezeichnet. ☐
12. Ich bin motiviert, die Welt um mich herum harmonisch zu gestalten. ☐
13. Im Helfen finde ich meinen Lebenssinn. ☐
14. Mein Lebenslauf liest sich wenig geradlinig, sondern wirkt eher unkonventionell. ☐
15. Ich wollte als Kind nie erwachsen werden. ☐
16. Mir kann nichts so leicht meine gute Laune verderben. ☐
17. Um jemandem in Not zu helfen, breche ich auch Regeln. ☐
18. In einer Gesellschaft stehe ich mit meinem Humor schnell im Mittelpunkt. ☐
19. Ich pfeife auf Anforderungen aus meinem Umfeld. ☐
20. Ich kann andere Menschen mit Leichtigkeit zu unangenehmen Tätigkeiten anregen. ☐
21. Ich bin eher Helfer/in im Verborgenen. ☐
22. Ich kann mich besonders gut anpassen. ☐
23. Ich neige dazu, die Bedürftigkeit anderer über meine eigene zu stellen. ☐
24. Ich neige manchmal dazu, mich von anderen beeinflussen zu lassen. ☐

25. Ich vermute hinter scheinbar harmlosen Aussagen anderer oft Geheimnisse. ☐

26. Ich bin orts- und heimatverbunden. ☐

27. Hinter meinem Humor vermuten andere nur selten meine traurige Seite. ☐

28. Andere könnten mich als das perfekte Kindermädchen bezeichnen. ☐

29. Um anderen Menschen zu helfen, gehe ich über meine Grenzen. ☐

30. Ich galt früher in der Schule als Klassenclown. ☐

31. Mir ist es wichtig, dass ich über alle Vorgänge in meinem Umfeld genauestens informiert bin. ☐

32. Wirklich zufrieden bin ich nur dann, wenn ich mit anderen zusammen bin. ☐

Auswertung:

Beispiel:
Sie haben in Frage 3 ihr Kreuz im vierten Feld von links angekreuzt, sie tragen in das Feld der Frage 3 unter einzelne Punkte nun die jeweilige Zahl ein usf. Also etwa:

In Frage 3 . . . 4 Punkte
in Frage 8 . . . 5 Punkte
in Frage 25 . . . 6 Punkte
in Frage 31 . . . 5 Punkte.

So ergäbe sich eine Gesamtpunktzahl von 20 Punkten und diese Rolle, im Beispiel »Miss Marple«, spielte in ihrem Leben zum jetzigen Zeitpunkt offenbar eine wichtige Rolle.

Aussage- satz Nr.	Einzelne Punkte	Summe	
11. 14. 15. 19.			Pippi Langstrumpf
1. 5. 7. 21.			Superman
2. 6. 10. 17.			Robin Hood
3. 8. 25. 31.			Miss Marple
4. 13. 23. 29.			Mutter Teresa
9. 18. 27. 30.			Otto
12. 16. 20. 28.			Mary Poppins
22. 24. 26. 32.			Mowgli

Einschätzung zur Punktzahl in der jeweiligen Rollenzuschreibung

18-24 Punkte:

Diese Rolle scheint in ihrem Leben eine wichtige Bedeutung zu besitzen.

13-17 Punkte:

Diese Rolle scheint eine Bedeutung in ihrem Leben zu besitzen.

10-12 Punkte:

Diese Rolle scheint nur mitunter, vielleicht im Wechsel mit anderen und partiell, in Ihrem Leben eine Bedeutung zu besitzen.

< 9 Punkte:

Diese Rolle wird in ihrem Leben (noch) nicht gelebt.

Hinweis zu den Ergebnissen:

Die Testergebnisse verstehen sich nicht als Urteil über Sie und Ihre Person: Sie selbst verfügen über die beste Kompetenz, Ihr Leben und Ihre Rollen einzuschätzen. Dieser Test unterliegt, wie jeder andere Test auch, der Gefährdung der Vereinfachung und Verkürzung von Sachverhalten – und zugleich können Sie hier interessante Hinweise auf eine Lebensrichtung finden, die Sie jeden Moment auch ein Stück aus eigener Kraft verändern können. Vielleicht sind Sie nun angeregt, mit anderen über sich und Ihre Einschätzung zu diskutieren. Wenn Sie hinsichtlich der Einschätzung und Beantwortung der Fragen sowie ihrer Auswertung unsicher sind, so nehmen Sie einen guten Freund oder eine Freundin hinzu, sie wird ihre Einschätzung ergänzen können und Sie schlagen zwei Fliegen mit einer Klappe: Sie sprechen über sich und ihr Erleben und Sie bekommen eine wichtige Rückmeldung.

Es kann durchaus interessant sein, sich mit allen Rollen lesend zu beschäftigen.

Insbesondere, wenn keine Rolle eine deutliche Ausprägung aufweist, kann das verschiedene Gründe haben – vermutlich kommen Sie nicht aus einer Suchtfamilie oder Sie haben die Folgen und Fesseln dieser Zeit gut hinter sich lassen können. Sie leben vielleicht unterschiedliche Anteile Ihrer Persönlichkeit gut miteinander verknüpft. Vielleicht mögen Sie sich dennoch lesend mit den Rollen beschäftigen und Ihnen kommen Erinnerungen an Zeiten, in denen sie einer Rolle vielleicht nahe waren.

Die Überprüfung der Selbsteinschätzung durch andere, der sogenannten Fremdeinschätzung, ist für Suchtkinder in der Regel sehr wichtig.

Wenn sich eine Rolle durch die Auswertungsergebnisse sehr vorherrschend zeigt, kann es spannend sein, eine gegenteilige Rolle stärker in ihr Leben einzubeziehen. Nicht mehr »Superman« – was ist ihr gegenteiliges Rollenmodell und wie sähe dann ihr Leben aus? Gehen Sie Ihren inneren Bildern nach – das sind erste Schritte zu einer möglichen Veränderung.

5.2 Suchtkinder spielen eine Rolle … für ihre Eltern!

Wenn Menschen ein Leben lang getäuscht wurden und täuschen mussten, wenn sie sich, infolge der Nichtbeachtung durch süchtige Eltern, schließlich selbst als wertlos empfanden und als Erwachsene immer noch erleben, wenn sie ihre Gefühle und körperliche Empfindungen über Jahre oder gar Jahrzehnte unterdrücken mussten, weil sie zu schmerzlich waren, dann hat dieses Leben mit der elterlichen Suchterkrankung Wunden erzeugt. Tragischerweise dürfen Kinder suchtkranker Eltern, wie wir schon gesehen haben, diese Wunden nach Außen nicht zeigen. Folglich müssen sie Bewältigungsstrategien finden, die ihnen in der Regel nicht bewusst sind, aber ein Umgehen mit den wiederholten Krisen ermöglichen. Es lassen sich unter erwachsenen Suchtkindern Rollen finden, die sie oftmals von frühester Kindheit an übernommen haben, um sich und andere (etwa auch ihre Geschwister) zu retten. Diese Rollen sind für Betroffene kein Spiel und bestimmt alles andere als leicht: Oftmals haben diese erwachsenen Suchtkinder keine Wahl mehr, eine Rolle zu übernehmen oder nicht, oftmals ist sie ihnen zu einem Korsett geworden, aus dem es keinen Ausstieg zu geben scheint. Wenn Menschen über Jahre in einer Familie mit einem suchterkrankten Elternteil leben, wird die Rolle zu einem Hilfs-Ich, das Suchtkinder ganz und gar verkörpern oder Teilaspekte dieser Rolle verstärkt in neuerlichen Krisensituationen leben. Dieser Vorgang ist keinesfalls bewusst, sondern passiert meist unbemerkt und automatisiert; er ergibt sich aus der familiären Dauerkrisensituation. Die Rolle kann dann oftmals kaum aufgegeben werden. Suchtkinder scheinen im Rahmen dieser Rolle agieren zu müssen: Sie können förmlich kaum noch anders. Die Übernahme einer solchen Rolle ist als kreativer Akt zur Rettung und Bewältigung der Krise anzusehen.

Rollen, die mir in meiner Praxis bei erwachsenen Suchtkindern begegnet sind, habe ich näher beschrieben. Ich habe mich dieser Thematik in zweifacher Hinsicht genähert: Zum einen habe ich Merkmale und Eigenschaften von Suchtkindern, die sie sich selbst zugeschrieben haben, gesammelt, kategorisiert und mit freien Beobachtungen abgeglichen; zum anderen habe ich Betroffene nach ihren Rollenbewältigungen konkret befragt. Daraus ergaben sich acht klassische Leinwandrollenbilder mit entsprechenden Merkmalen.

Pippi Langstrumpf

Wenn die Rolle der Pippi Langstrumpf in Ihrem Leben wichtig ist, dann sind Sie wahrscheinlich eine Lebenskünstler/in … »Hey, Pippi Langstrumpf, die macht, was ihr gefällt!« … nicht nur im gleichnamigen Kinderlied wird uns gleich ganz warm und leicht ums Herz, wenn Pippi die Bühne betritt. Pippi macht, was sie will und das mit Genuss. Eigentlich ein Kind mit einer schweren Lebensgeschichte, die Mutter verstorben, der Vater ständig unterwegs, macht Pippi einfach ein Fest aus ihrem eigentlich schweren Dasein. Pippi schafft es, Not und Chaos zum Paradies zu machen. Sie findet das Leben in einer Welt, nahezu ohne Eltern, einfach, um es neuzeitlich auszudrücken, »cool«. Menschen mit der Pippirolle haben auch im richtigen Leben eine ungeheure Kraft, sich das Leben so zu machen, wie sie es gern sehen möchten.

Manchmal verlieren Sie dann ein wenig den Bezug zu dem, was wirklich ist. Pippis blenden ihr kindliches Alleinsein und ihren Mangel aus, indem sie ihn umdefinieren. Diese Rolle ist besonders unter den Kindern drogensüchtiger Eltern anzutreffen. Oftmals leben sie zurückgezogen in einer eigenen Welt, komplett auf sich allein gestellt. Haustiere sind ihre besten Freunde und mit ihnen an der Seite kann scheinbar einfach nichts Schlimmes passieren. Pippi wirkt unverwundbar.

Pippi als ihr Rollenmodell zeigt, dass Sie es schaffen, aus den schwierigsten Situationen heraus eine wunderbare Welt zu erschaffen. Regeln und Normen, Konventionen: Sie pfeifen drauf! Viele Menschen bewundern an Ihnen, dass sie so ganz und gar »Ihr Ding« machen. In der Praxis zeigt sich, dass viele Pippis auch leiden. In stillen Stunden haben sie Angst, im Chaos zu versinken, dann sind sie verzweifelt und traurig, immer alles alleine schaffen zu müssen. Ja, und das ist auch ihr gutes Recht!

Erste Hilfe für Pippi Langstrumpf

Wenn die Rolle der Pippi in ihrem Leben bestimmend ist, dann ist Ihnen sicher eine paradiesische Leichtigkeit zu eigen. Unter Pippis Fröhlichkeit und Unbekümmertheit wird leicht vergessen, dass sie Schweres durchgemacht hat und alleine, ganz auf sich gestellt, schafft und schafft. Sie kann es gut gebrauchen, dass Menschen ihr tatkräftig unter die Arme greifen, etwa ihr eine Mahlzeit kochen oder die Villa Kunterbunt mit aufräumen, einfach so; und ihr auch einmal zeigen, dass sie nicht alles alleine schaffen muss. Ja: und auch Pippi hat ein Recht, manchmal weinen zu dürfen. Dazu braucht sie starke Menschen an ihrer Seite, die zugleich aus der Trauer kein Drama machen. Pippis brauchen es, zugleich weinen und lachen zu dürfen. Und Pippis Vater sollten die mal ganz gehörig die Meinung sagen!

Wenn Sie die Pippirolle als bestimmend herausgefunden haben, dann verfügen Sie vermutlich über immense Kraft und Veränderungspotentiale, auch darin, andere Wege zu beschreiten. Unter der unbekümmerten Fassade wohnt oft die Sehnsucht nach einem intakten Elternhaus, nach Regelmäßigkeit und Fürsorge. Vielen Pippis in meiner Praxis hilft es, sich diese Sehnsucht einzugestehen, um ihr dann ein Stück folgen zu können. Partner von Pippi beschreiben es als hilfreich, ihr ihre Freiheit und Unbekümmertheit zu lassen – einem allzu starren geregelten Ordnungsrahmen läuft Pippi, trotz einer verborgenen Sehnsucht nach einem gesicherten Rahmen, leicht davon.

Tipp: auch Regeln können manchmal eine Hilfe sein und manchmal sind sogenannte Autoritäten tatsächlich auch Menschen …

Superman

Wenn die Superman-Rolle das Leben bestimmt, ist nichts unmöglich. Superman erledigt alles sofort und perfekt. Wenn Sie ein Anliegen an Superman haben, wird er Ihnen sein letztes Hemd anbieten, auf Dächer fliegen (natürlich!) und danach gern mit Ihnen den Himmel teilen. Superman ist glücklich, wenn Sie ihn um Hilfe fragen, denn Superman lebt davon, dass seine Superleistungen gebraucht werden, etwas, was ihm so leicht niemand nachmacht. Superman ist nicht nur auf der Leinwand mit wahrhaft übermenschlichen Kräften ausgestattet (Superschnelligkeit, Supergehör, Röntgenblick, Superatem usw.). Er macht schlicht das Unmögliche möglich und das mit einem so breiten Lachen auf dem Gesicht, dass andere gar nicht darauf kommen, wie anstrengend und erschöpfend das für ihn wirklich ist. Er hat es gelernt, schwierigste Belastungen zu schultern und dabei die im Yoga eingeforderte Gelöstheit an den Tag zu legen. Übermenschliches erledigt er perfekt und das schon gestern. Natürlich ist er unverwundbar. Meist haben Supermen wenig Wertschätzung für das Große, was sie ständig vollbringen, wurde es ihnen doch von Kindesbeinen an abverlangt und schon dort kaum gesehen, erst recht nicht gewürdigt. Wer viele Jahre Superman-Niveau bietet, wird nicht mehr angemessen wertgeschätzt, sondern das Top of the Top-Niveau wird zur Selbstverständlichkeit. Einige Menschen, die sich selbst schwer tun und davon träumen, nur ein einziges Mal etwas annähernd Großes zu vollbringen, erblassen vor Neid. Da Neid aber nicht gerade zu den beliebten

Gefühlen in unserer Gesellschaft gehört, wird das von diesen Menschen anders ausagiert: Oftmals wird Superman zum Opfer von Intrigen und von Mobbing. Eine »wunderbare« Strategie, Superman zu Fall zu bringen, ist es auch, ihn zu übersehen und so tun, als habe er gar nichts Besonderes geleistet.

Ja, Sie haben schon Recht, natürlich kann er ein bisschen unheimlich wirken, so ein Superman – das genau ist sein Problem. Viele Menschen lassen sich zwar gern von Superman helfen, aber so viel Idealismus, Heldentum und Gemeinnutz gehört für die meisten Menschen dann eben doch in die Welt der Fantasy-Filme – und man munkelt, dass Superman manchmal ganz schön traurig auf der Couch liegt, erschöpft, allein und dann spürt er, mit zunehmenden Jahren, seine Kräfte schwinden und sieht damit sich und seine gesamte Existenzberechtigung in Frage gestellt. Übrigens: Superman zeigt sich sehr oft in der Superwoman-Ausgabe.

Erste Hilfe für Superman:
Es scheint sehr unterschiedlich zu sein, was Superman wirklich helfen kann. Manchem Superman hilft es, wenn er sich zum ersten Mal im Leben bewusst Pausen gönnt. Anderen hilft es, sich auch einmal Fehler zuzugestehen. Sie beschreiben es als große Erleichterung, ihren Panzer abzulegen, ihr Herz auszuschütten, schlicht: wieder menschlich zu werden! Diese Supermen beschreiben es als wohltuend, endlich einmal zu sagen: Das kann ich nicht! Sie lassen sich oft zum ersten Mal verwöhnen und von anderen helfen. Diese schwierige Aufgabe, neue Wege zu gehen, beginnt mit einem ersten Schritt. Es ist wirklich eine große Herausforderung für einen Superman zu sagen, dass er eine Aufgabe nicht übernehmen wird, hat er doch große Angst davor, dass er dann nicht mehr geliebt und geschätzt würde. Superman hat eine tiefe Sehnsucht nach Liebe und Bewunderung. Es ist ein lebenslanger Lernprozess für Superman, sich dies einzugestehen. Dann endlich muss er nicht mehr alltäglich Hochleistungen erbringen.

Partner / innen und Freund / innen beschreiben es als wunderbare

Erfahrung, Superman in den Arm zu nehmen und zu trösten, lieben sie ihn doch gerade um seiner kleinen Fehler Willen und konnten das lange Zeit so wenig zeigen. Es war zu vernehmen, dass dabei bei dem einen oder anderen Superman ein paar Tränen flossen.

Miss Marple

Wenn alle noch gar nicht wissen, was läuft, dann hat sie schon die heiße Spur. Ihr entkommt niemand. Sie durchschaut alle. Niemand kann sie an der Nase herumführen. Sie mag nach Außen ein bisschen schrullig wirken (und genau das macht sie so gefährlich): Miss Marple weiß einfach alles. Wenn diese Rolle in Ihrem Leben bestimmend ist, dann kennen Sie wahrscheinlich solche Aussagen wie: »Mich täuschen die nicht. Ich weiß genau, dass da irgendetwas dahinter ist.« Oder »Da ist doch was im Busch, auch wenn das noch keiner merkt, ich bin sicher.« Und »Du hast doch irgendwas. Ich spüre das, jawohl!« – eine Eigenschaft, wie schon mancher genervte Ehemann liebevoll beschrieb, andere an den Rande des Wahnsinns bringen kann.

Miss Marples kritischer Blick und ihre Spürnase sind immer dabei. Wenn es etwas zu entdecken oder aufzudecken gibt, ist Miss Marple gern gesehener Gast. Nur: Miss Marple hat die Angewohnheit, auch ungefragt tätig zu werden. Sie nimmt ihren Dienst also nicht nur auf Bestellung auf, sondern sie ist immer im Dienst. Die Rolle der Miss Marple erscheint ihr als Berufung und ist wahrlich ihre Lebensrettung gewesen. Bei so viel Spürsinn und Detektiv-Sein bekommen die Menschen um sie herum es manchmal mit dem Fürchten zu tun, manchmal weichen sie erschrocken zurück, sehen sie sich doch von einem grundlegenden Misstrauen verfolgt. Wie schade, denn es entgeht Ihnen eine echte Lady mit großem Herzen und hoher Einfühlsamkeit.

Erste Hilfe für Miss Marple:

Miss Marple hat eine große Sehnsucht: Sie möchte endlich friedlich schlafen können. Um das zu können, braucht Miss Marple Menschen, die ihr, nachdem sie die »Lage gescheckt« haben, überzeugend versichern, dass alles in Ordnung ist. Dafür braucht sie solche Menschen, die sich einerseits den Weg zu ihrem Herzen, durch ihr Misstrauen hindurch, erobern und andererseits einen klaren Blick haben auf das, was gerade um sie herum vor sich geht (denn erst dann kann sie beruhigt schlafen, ohne nicht noch nächtens Spuren und Verbrecher zu verfolgen). Erst wenn Miss Marple wiederholt merken darf, dass die Welt nicht nur aus Betrügern und Verbrechern besteht, wenn sie merken darf, dass sie Welt ohne ihre Kontrolle nicht aus den Fugen gerät, erst dann wird sie sich, zumindest für Augenblicke, entspannt zurücklehnen können. Vielleicht mag sie dann sogar ein bisschen über die Menschen und was sie mit ihnen erlebt hat, plaudern – und dann kann sie sogar sehr unterhaltsam sein. Also, Milady, ein Hinweis in eigener Sache: das Leben ist nicht nur ein Krimi …

Robin Hood

Robin Hood, der Rächer der Armen, rächt, was das Zeug hält. Er lebt verborgen und schlägt überraschend zu. Robin Hood soll Überlieferungen zufolge (und diese Erkenntnisse sind noch nicht ganz gesichert) seine Raubzüge begangen haben, um das Erbeutete den Armen zu schenken.

Wenn Robin Hood in Ihrem Leben bestimmend ist, dann sind Sie wahrscheinlich eine starke Persönlichkeit, die zugleich geschätzt und gefürchtet wird. Wo sind die Schwachen, für die Sie eintreten können, wen können sie verteidigen?

Wenn Robin Hood Ihr Lebensmodell ist, dann macht das Kämpfen und Rächen einen großen Teil aus – natürlich für einen guten Zweck. Das kann zuweilen zu Lasten Ihrer Lebensqualität gehen. Wenn Robin Hood Ihre Rollenwahl beschreibt, dann ist Ihnen Bewunderung ebenso sicher wie der Neid ihrer Mitmenschen. Die Menschen bewundern Sie, aber sie fürchten Sie auch ein bisschen. Es kann schwierig sein, diesen Spagat auszuhalten. Wie Robin Hood tun Sie vielleicht Gutes, Ideelles, oftmals im Verborgenen, vielleicht sogar am Rande der Legalität, um im Rollenbild zu bleiben, vielleicht sogar unter Einsatz ihres

Lebens. Welch eine Anstrengung! Welch heldenhafte Leistung im Verborgenen, die nie eine rechtmäßige öffentliche Anerkennung erfährt. Zugleich sind viele Robin Hoods so sehr beseelt von ihren Anliegen, dass sie nicht erst fragen, bevor sie ihren Raubzug beginnen. Dann trifft Sie manchmal die irritierte Aussage, wenn derart ungefragt Übervorteilte sich über Ihr Tun beschweren, der Beschenkte das Zugeteilte zurückweist: Der Satz: »Ich habe es doch für dich getan!«, fällt oftmals auf keinen guten Boden. Und so bleibt Robin Hood manchmal traurig zurück, fühlt er sich doch dem Undank der Welt ausgesetzt. Raubzüge mit einem guten Zweck finden nicht immer den Anklang, den Robin Hoods sich erwünschen.

Erste Hilfe für Robin Hood

Robin Hood lebt die große Sehnsucht nach Wiedergutmachung und Gerechtigkeit. Wenn Robin Hood Ihr Leben bestimmt, dann kann es helfen, sich zu fragen, was und wer sich unter dem rächerischen Heldentum verbirgt. Neben dem offen geäußerten Wunsch, unbedingt Schwachen helfen zu wollen, kann dann auch ein verletztes Kind zutage kommen, dem selbst nie geholfen wurde; ein Kind, das sich nun rächt, indem es anderen Verletzten hilft. Robin Hoods in meiner Arbeit waren oftmals Kinder, die wiederholt von Erwachsenen stehengelassen und verraten wurden, ja, denen überhaupt großes Unrecht und große Not widerfahren war. Es half Betroffenen, dem eigenen verletzten inneren Kind in die Augen zu sehen. Oftmals wird dann die Suche nach liebvollen Begegnungen wichtiger als der Kampf und die Rache. Viele Robin Hoods bemerken dann, dass sie eigentlich immer einen Vater oder eine Mutter gesucht haben, der sich vor Sie stellt und sie verteidigt, wenn Ihnen ein Unrecht widerfährt.

Es kann Robin Hoods helfen, wenn sie, bevor sie in die ihnen so nahe liegende Aktion treten, also zur Tat schreiten, einen Moment innehalten und herausfinden, ob derjenige (im Bild der »Schwache und Arme«), den sie beschenken wollen, das überhaupt möchte. Robin Hood mag manchmal unter einem Gefühl der Ungerechtigkeit leiden, das ihm selbst widerfährt. Aber wer im Untergrund kämpft, erhält keine öffentliche Wertschätzung, im Gegenteil, die Verfolger sind ihm immer auf den Fersen. Kein Ausruhen. Kein Entspannen, weiter und weiter.

Ebenso scheint eine Überprüfung der Legalität der Methoden angebracht. Für Robin Hoods ist es wichtig, die Frage nach Wertmaßstäben abzuwägen mit Menschen, denen sie vertrauen. Wenn Sie Partner / in eines Robin Hoods sind (und die weibliche Ausgabe ist durchaus auch anzutreffen): Dann seien Sie vor allem eine sichere Bank der Wertmaßstäbe. Da sich Robin Hoods manchmal mit diesen schwer tun, können sie ihm eine wichtige Stütze sein, auch wenn ein Räuberheld das vielleicht erst einmal nicht gern zugeben mag. Und: Etwas legaler lässt sich auch sein Schlaf besser an. Das gute Gewissen als Ruhekissen lässt ihren Helden (und die weibliche Form ist auch oft vertreten) besser schlummern … und umso tatkräftiger erwachen.

Mary Poppins

Kennen Sie auch so ein himmlisches Kindermädchen? »Hauptsache, alle sind glücklich und zufrieden!«, scheint ihr Lebensmotto zu sein …

Nicht nur im Film stellt es ein schwieriges Unterfangen dar, Familienleben harmonisch zu gestalten: So wird Mary Poppins am Ende sehr sauer und ist nicht selten übel gelaunt, wenn sich die ihr Anvertrauten nicht dem Harmoniegesetz, ihrem Wunsch nach Ruhe und Frieden, unterwerfen mögen. Nicht selten fühlt sich Mary Poppins in pädagogischen Berufen wie dem der Erzieherin wohl, aber auch in der Entspannungspädagogik und in der Esoterik fühlt sie sich beheimatet. Hier sucht sie die Harmonie, die sie manchmal so vergeblich im Alltag erkämpfen will.

Mary Poppins wird von einer typischen Londoner Mittelschichtsfamilie als Dienstmädchen angeworben und gleichsam mit dem Regenschirm vom Himmel geweht. Zauberhaft geht es zu bei diesem Kindermädchen, das sich sicher viele Familien in der Realität herbeiwünschten.

Neben all ihren wunderbaren eigenen Erziehungszielen, die sie verfolgt und umsetzt, will Mary Poppins vor allem der ihr anvertrauten Familie zu einem harmonischen Familienleben verhelfen und verschwindet auch immer genau dann, wenn sie dieses Ziel erreicht hat. Mary Poppins möchte Kindern etwas ermöglichen, was ihr selbst vielleicht verwehrt blieb: eine glückliche Kindheit in einer glücklichen und harmonischen Familie. Um dieses Ziel zu erreichen, ist Menschen mit der Mary Poppins-Rolle keine Mühe zu groß.

Erste Hilfe für Mary Poppins:
Wer Mary Poppins als Rolle erwählt hat, hat meist eine große Sehnsucht nach Harmonie. Dieser Sehnsucht muss ein Mensch mit der Mary Poppins-Rolle nachgehen, um seine Zufriedenheit zu erlangen – es scheint zugleich wichtig, zu wissen, dass andere sich manchmal bei so viel Harmoniebedürfnis erstickt fühlen. Bei manchen Menschen, die sich der Mary Poppins-Rolle in ihrem Lebensmodell verschrieben hatten, zeigte es sich als gute Hilfe, auch einmal mit anderen zu streiten. Die offene Auseinandersetzung brachte oftmals jahrelange Konflikte an die Oberfläche, zeigte sich aber als reinigendes Gewitter, dem Betroffene durchaus, von sich selbst mit dieser Seite überrascht, etwas abgewinnen konnten.

Auch zeigte sich als hilfreicher neuer Weg, nicht gleich zu verschwinden, wenn etwas gut läuft, sondern erst einmal die Früchte der Arbeit zu ernten, bevor die nächste Schwierigkeit gesucht wird. Anderen half es, sich zum ersten Mal im Leben um ihr eigenes inneres Kind mit der Leidenschaft zu kümmern, die sie bislang nur für andere Kinder hatten entwickeln können. Machen Sie noch heute den ersten Schritt: Geben Sie Ihrem Kindermädchen Urlaub und gönnen Sie ihm Zeit, zu sich zu finden; widmen Sie sich, so gut Sie können, Ihrem inneren Kind.

Mutter Teresa

Wenn Mutter Teresa die Rolle Ihres Lebens ist, dann haben Sie sich in Ihrem bisherigen Leben vermutlich mehr um andere als um sich selbst gekümmert. Dann sind Ihnen heilige Ideale wichtiger als alles andere. Dann fühlen Sie sich vermutlich mit anderen Menschen gut und innig verbunden, wenn sie mit Ihnen Ihre Ideale leben können.

Mutter Teresa war Ordensschwester und galt als »Missionarin der Nächstenliebe«. Ein gleichnamiger Orden wurde von ihr gegründet. Auch als »Heilige der Gosse« wurde sie bezeichnet. Immer noch, mehr als ein Jahrzehnt nach ihrem Tod, ist ihr Name gemeinhin mit selbstloser Liebe und dem Dienst an der Menschheit verbunden. Sie machte den menschlichen Egoismus für die Armut in der Welt verantwortlich und interpretierte diese als nicht von Gott, sondern von den Menschen selbst gemacht. Oftmals sind Menschen mit der Mutter-Teresa-Rolle in der Lage, viel Gutes zu bewirken und andere dazu anzustiften, Gutes zu tun. Im Alltagsleben sind andere manchmal von der »Heiligkeit« angezogen wie irritiert zugleich, zu unbegreiflich erscheint ihnen diese Selbstlosigkeit im »richtigen« Leben. Und wie auch in den Jahren Ihres Wirkens Kritik an Mutter Teresa laut wurde, nährt soviel Selbstlosigkeit oftmals auch die Zweifel an der »Heiligkeit« der Person.

Erste Hilfe für Mutter Teresa:
Wer ständig selbstlos ist, ist sich irgendwann selbst los – so lässt sich vielleicht die größte Gefahr in dieser Rolle zusammenfassen. Unter dieser Rolle verbirgt sich die große Sehnsucht, Menschen aus tiefer Not zu erretten. Dies ist für Menschen aus Suchtfamilien etwas, was sie sich für sich selbst als Kinder oft gewünscht hätten – dass jemand einfach da wäre und sich selbstlos an sie verschenkte. Diese große Sehnsucht will Mutter Teresa anderen Menschen erfüllen. Es stellt oftmals eine große Herausforderung für Menschen mit der Mutter-Teresa-Rolle dar, sich um sich selbst zu kümmern. Sich etwas zu gönnen: sei es etwas Materielles, oder auch Ideelles oder einfach nur Zeit mit sich selbst. Manchen Teresas halfen kleine Schritte, der erste Milchcafé nur für sich allein etc., um sich allmählich mehr zu gönnen.

Überhaupt birgt diese Rolle die Gefahr, die weibliche Seite nur in ihrer mütterlichen Ausrichtung zu leben, was eine traurige Beschneidung bedeuten kann. Sinnlichkeit und Erotik, die Lust des Frauseins bleiben dabei manchmal leider auf der Strecke.

Am Ende ihres Lebens zweifelte Mutter Teresa, wie auch schon in jungen Jahren, an der Existenz Gottes. Sie blieb eine Suchende. Für viele Mutter Teresas zeigte sich das Ankommen im eigenen Inneren als lohnenswerte Pilgerstation. Der christliche Rat »Liebe deinen Nächsten, wie dich selbst!«, scheint für Mutter Teresas insbesondere im Nachsatz anzustehen.

Otto

Wenn das Leben wenig aushaltbar erscheint, gibt es immer noch eine andere Realität. Otto Waalkes und andere Komiker entführen mit Witz und Humor, manchmal auch mit Klamauk, in eine Welt, in der das Lachen, die komische Seite eines Ereignisses, das Zentrum des Erlebens und der Darstellung einnimmt. Allzu früh erwachsen Gewordene können hier Leichtigkeit leben, die vielleicht ansonsten gefehlt hat oder fehlt. Lachen und Lachen ernten bedeutet für diese Suchtkinder Glück. Ob auf der Live-Bühne oder im Film – nichts erscheint zu tragisch, nichts zu schwer, um nicht darüber lachen zu können. Aus jeder noch so schwierigen Situation macht Otto einen Joke, er jodelt und spielt mit Worten, die er ins Unsinnige verzerrt. Eine unbändige Energie, ein übersprudelndes Temperament mit Atem verausgabendem Tempo und fast archaischem Biss zeichnen Otto in seiner ersten Bühnenjahren aus: Er wird der Top-Act, bei dem eine Pointe die andere jagt. Das Modell »Otto« als Lebensmodell kann einerseits als eine wunderbare Form gesehen werden, das Leben von der leichten Seite zu nehmen, andererseits birgt es die Gefahr, dass das Komische zum Muss wird, da es permanent die Schatten überspielen soll. Wer ist Otto, wenn er nicht witzig ist?

Menschen mit dem Lebensmodell Otto werden von vielen gemocht und geliebt, wenngleich im Alltag manchmal als ein wenig anstrengend empfunden. Denn wer möchte schon andauernd lachen müssen! Das Lachen ist Ottos Lohn, sein Erfolg, Nichtlachen wird leicht als Kränkung erlebt. Wenn Otto versteht, dass es einen wunderbaren Spielraum mit seiner Komik anbietet, aber auch andere Seiten zulässt, ist er bei vielen ein gern gesehener Gast, z. B., auf Festen und Partys. Kann er diesen Zug hingegen gar nicht ablegen, werden ihm allmählich viele den Rücken kehren. Es ist auch immer eine Gratwanderung zwischen liebevollem Spott und Beschämung und Verletzung – manche Menschen des Modells Otto sind in Gefahr, auf Kosten ihres Publikums über Grenzen zu gehen. Zu groß der Wunsch, endlich wieder Lacher zu ernten.

Erste Hilfe für Otto:
Wer Otto zu seiner Lebensrolle erwählt hat, hat meist eine große Sehnsucht nach Leichtigkeit und spannungsfreiem Leben. Endlich lachen und glücklich sein und das noch im Einklang mit anderen, vielleicht sogar mit Beifall. Das bedeutet für Menschen mit Otto-Potential eine Erfüllung ihrer Sehnsucht. Otto beschenkt Menschen mit seinen humoristischen Gaben. Als Pausenclowns scheinen »Ottos« oft durchaus willkommen, für einige Stunden und zu angemessenen Zeiten. Es kann für Menschen mit der Otto-Rolle sehr spannend sein, auch einmal eine andere als die komische Perspektive auf die Welt zuzulassen. Immer und über viele Jahre lustig sein, wenn viel Schweres passiert, ist anstrengend und bekommt irgendwann einen Zug ins Absurde. Dann gleicht die Komikerrolle einem quälenden Korsett, das nicht abgelegt werden kann.

Vielen »Ottos« in der therapeutischen Arbeit half es, Wärme und Rückmeldung für ihre ungelebten Seiten, die oftmals von Trauer geprägt waren, zu bekommen. Dann wurde diese Bühne ein »Kann« aber kein »Muss« und der Humor, was er eigentlich ist: ein Geschenk und keine aufgenötigte Last.

Tipp: Es kann eine spannende Erfahrung sein, sich selbst zum Lachen bringen zu lassen – ab und an kann die Rolle des Zuschauers durchaus auch für eingefleischte Ottos eine neue Perspektive ins Leben bringen! Also, auf ins Kabarett, ins Theater … aber lassen Sie sich selbst top unterhalten und lehnen sich ganz entspannt zurück!

Mowgli

Mowgli wächst allein und elternlos als Findelkind im indischen Dschungel auf. Der kleine Junge wird bei einem Tigerüberfall von seinen Eltern getrennt und stößt auf eine Wolfsfamilie, die ihn aufzieht. So ist er nicht Mensch und nicht Tier. Wenn die Mowgli-Rolle in ihrem Leben eine bestimmende ist, dann sind Sie vermutlich sehr vertraut mit dem Gefühl, sich fremd zu fühlen, fremd unter anderen Menschen, fremd in Ihrer Familie (manche Menschen mit dieser Rolle glauben, dass sie vermutlich adoptiert sind, es ihnen aber niemand mitteilt, weil sie sich so anders als der Rest der Familie fühlen) und als Erwachsene, wenn sie nicht das Glück hatten, gute Freunde und Verbündete zu finden, sich auch fremd in sich selber zu fühlen. Das macht es Mowgli Zeit seines Lebens schwer, eine eigene Identität aufzubauen, ist er doch irgendwie Grenzgänger zwischen den Welten, bleibt überall fremd.

Mowglis haben eine große Sehnsucht nach anderen Menschen, die sie verstehen. Viele fühlen sich jedoch Tieren näher und haben den Eindruck, die Sprache der Tiere besser zu verstehen und besser mit Tieren zusammenleben zu können als mit Menschen. Hier sind Mowglis zufrieden, etwa als Anführer in einem Rudel von Hunden oder von verstoßenen und ausgesetzten Tieren. Eine Restsehnsucht nach menschlicher Nähe begleitete die Mowglis jedoch immer, auch wenn sie ihre Professionalität im Umgang mit Tieren noch so sehr steigern.

Erste Hilfe für Mowgli

Nur Mut! Genießen Sie Ihre animalische Seite, gönnen Sie sich die Freiheit, einfach anders zu sein. Genießen Sie Tiere und das Zusammenleben mit ihnen. Aber geben Sie nicht auf, nach anderen Menschen zu suchen – so könnte ein Ratschlag für Mowglis lauten. Ich bin sicher, dass Sie selbst am besten wissen, was sie brauchen! Wer in einem Dschungel überlebt hat, dem muss niemand sagen, was er tun muss. Gerade das Fremdartige wirkt auf viele Menschen anziehend. Mowglis mussten sich oftmals ihr Fremdheitsgefühl eingestehen, damit sich dieses verändern konnte. Dann kann eine Sehnsucht nach Menschen und nach Zugehörigkeit laut werden, die erst eben durch dieses Laut Werden und Gehört Werden eine Chance auf Erfüllung finden kann. Die meisten Mowglis bräuchten andere Menschen, zumindest einen, um sich in sich selbst wieder heimisch fühlen zu können. Auch Mowgli musste von einer Ersatzmutter angenommen werden, um wachsen zu können und im Rudel aufgenommen zu werden. Mowgli rettete dieses Rudel später und bewahrte alle vor großem Unglück – und erwachsen geworden kann er zu den Menschen zurückkehren. Vielleicht mögen auch Sie sich eine mütterliche Freundin an Ihrer Seite suchen, die Sie unterstützt? Ich wiederhole: nur Mut!

Zu allen Rollen

Eine Rolle kann ein wichtiges Hilfs-Ich und Vorbild für Kinder darstellen – sie gibt Anhaltspunkte, wie sich Kinder in belasteten Familien retten und Orientierung finden. Wenn die Rolle zum Korsett wird, braucht es Hilfe, um auch Anteile daneben leben zu können, vielleicht Charaktereigenschaften, die außerhalb des vorrangigen Rollenmodells liegen. Es kann spannend sein, den Rollen nachzugehen, die in diesem Test für Sie scheinbar keine Rolle spielen. Es kann reizvoll sein, mit neuen Rollen im Inneren ein wenig spazieren zu gehen, um neue Impulse zum Handeln freizusetzen.

6 Sieben Schritte zu einem glücklicheren Leben

Wir suchen unser Glück außerhalb von uns selbst, noch dazu im Urteil der Menschen, die wir doch als kriecherisch kennen und als wenig aufrichtig, als Menschen ohne Sinn für Gerechtigkeit, voller Missgunst, Launen und Vorurteile: wie absurd!
La Bruyere, franz. Schriftsteller, zit. nach Mercier

Wenn man den Gazetten und aktuellen populärwissenschaftlichen Veröffentlichungen Glauben schenken darf, dann ist Glückssuche etwas, was die Menschen umtreibt und beschäftigt – schon immer und zu bestimmten Zeiten, etwa in Krisen, besonders stark. Aristoteles stellte vor rund 2000 Jahren fest: Alle Menschen wollen glücklich sein. Gerade wenn Menschen, wie erwachsene Kinder aus Suchfamilien, über viele Jahre Leidvolles erfahren haben, wird die Sehnsucht nach einer unbeschwerten Welt groß. Suchtkinder, meist extrem krisengeplagt, sind besonders sehnsüchtige Glücksucher/innen. Was für Suchtkinder jeweils Glück bedeutet, ist sehr unterschiedlich. Vielleicht mögen Sie gerade jetzt ein wenig darüber nachsinnen, was für Sie persönlich Glück bedeutet …

6.1 Glück – was die Hirnforschung sagt

Was sagt die Forschung? Glücksforscher haben herausgefunden, dass für das Erleben von Glück Glücksmomente und glückliche Augenblicke viel entscheidender sind, als das »ganz große Glück«. Was bedeutet das konkret?

Was aus neurowissenschaftlicher Sicht passiert, möchte ich an einem vereinfachten Beispiel verdeutlichen: Stellen Sie sich vor, Sie wünschen sich schon sehr lange eine elegante schwarze Hose aus Samtstoff. Sie finden eine Wurfsendung eines neuen Designerladens in Ihrer Nähe in Ihrem Briefkasten und sehen genau die Hose, die Sie sich schon lange wünschen zu einem erschwinglichen Preis. Schon beim Lesen und Sehen des Angebotes wird durch die Ausschüttung des Dopamins im Gehirn Ihr Belohnungszentrum aktiviert – Sie befinden sich, ohne, dass Sie die Hose schon wirklich in den Händen hielten, allein durch die bloße Vorstellung in Glücksstufe 1,wie wir sie hier nennen wollen. Wenn Sie nun losfahren, die Hose tatsächlich zu einem angemessenen Preis erstehen und in den Händen halten, erreichen Sie Glücksstufe 2. Ihr Hirn speichert nun: Aktivität lohnt sich. Künftig werden Sie vermutlich rege weiter suchen, denn, wie die Forschung zeigt: die Aussicht auf Erfolg motiviert.

Was können wir hieraus über Menschen und ihre Beziehung zum Glück ableiten? Schon allein die Vorstellung von etwas Schönem, das man vielleicht bekommen wird, kann glücklich machen. Dies eröffnet eine Menge an Glückspotential für alle Menschen, aber insbesondere für diejenigen, die in Lebensumständen aufwachsen, die alles andere als glücklich machend wirken. Wir können also unsere Imaginations- und Vorstellungskraft erfolgreich nutzen auf dem Weg zum Glück.

Nimmt man Ergebnisse der Suchtforschung ernst, so scheint ein weiterer Aspekt zentral auf diesem Weg: die eigene Perspektive, die Menschen zu Geschehnissen einnehmen. Ich möchte mit der nachfolgenden Aussage nichts vom Leiden der Suchtkinder »wegreden«, doch in amerikanischen Forschungen zeigte sich, dass eben genau diejenigen Suchtkinder, die ihre schwierige Lebenssituation nicht als unveränderbar, sondern als »challenge«, also als persönliche Herausforderung begreifen, in ihrem Leben erfolgreich sein können. Erfolg wiederum, wie wir schon gesehen haben, motiviert und ist damit eine wichtige Voraussetzung auf dem Weg zum Glück.

Ich habe in der Arbeit mit Suchtkindern oft positiven Wandel miterleben, Momente des Glücks und der Veränderung begleiten dürfen. Dieser Wandel gelang immer dann, wenn Menschen an die Möglichkeit der Veränderung glaubten. Resignation und die Überzeugung: »Das klappt ja eh wieder nicht!« und »Das nützt alles nichts!«, kann eine große Falle werden, gerade für Suchtkinder. Denn gerade Suchtkinder haben durch die Suchterkrankung in der Familie erleben müssen, dass Dinge wieder und wieder nicht gelangen, Versprechungen wieder und wieder nicht eingehalten wurden, sie den Suchtkranken wieder und wieder keinen Glauben schenken durften – tatsächlich schien sich nie etwas zu ändern. Insofern stellt der Glaube an die Veränderbarkeit eine der schwierigsten Herausforderungen dar. Wenn sich diese Erfahrungen zu dem Satz »Ich glaube an nichts mehr!« verdichten, dann wird es im Weiteren fast unmöglich, sich auf die Suche nach dem Glück zu begeben. Das Fazit lautet also einmal mehr: Um sich auf einen neuen Weg zu machen, müssen Suchtkinder erst an die Möglichkeit ihres Erfolges und ihr Potential zum Glücklichsein glauben. Ohne diesen Glauben geht nichts! Das ist vielleicht die schwierigste, aber durchaus mögliche Voraussetzung, für die Suchtkinder sorgen müssen, bevor sie sich auf den Weg des AWOKADO-7-Schritte-Programms machen.

Forschungen zufolge besteht eine weitere Falle in der Annahme, dass die Anzahl der Glückskicks eine Steigerung des Glücks mit sich bringe. Stattdessen führt, wie beim Lottogewinn, Gewöhnung eher zum Gegenteil. Dauerhaftes Glück, so ermittelte man in verschiedenen Untersuchungen, lasse sich nicht durch rauschhafte Glücksmomente erzielen, sondern eher durch eine grundlegende Zufriedenheit. Diese speist sich jedoch offenbar nicht aus Kicks, sondern vielmehr aus etwas Unspektakulärem: nämlich schlicht aus der Fähigkeit des Innehaltens. Also ist Glück nicht im rasenden Hinterherlaufen zu finden, sondern in der völligen Hingabe ans Hier und im Jetzt – Sein. Sich ganz und gar im Jetzt des jeweiligen Augenblicks zu erleben, mit allen Gefühlen und körperlichen Regungen, stellt für Suchtkinder aufgrund ihrer Biographie ein großes Problem dar. Suchtkinder benötigen deshalb besondere Hilfen auf dem Weg zu ihrem persönlichen Glück. Einen möglichen Weg möchte ich Ihnen mit dem AWOKADO-7-Schritte-Programm anbieten.

6.2 Das AWOKADO-7-Schritte-Programm

Ein paar persönliche Worte vorab: Ich bin weit davon entfernt zu glauben, dass alles im Leben, wie es vielerorts angepriesen wird, machbar ist: Erfolg, Glück, Wohlbefinden, Gesundheit. Nein, ich glaube, dass Vieles einfach ein Geschenk und mit bestimmten Lebensereignissen verknüpft ist, die bei einem Menschen glücklicher verlaufen als beim anderen. Aber ich bin der tiefen Überzeugung, dass Suchtkinder ihrem persönlichen Glück ein Stück näher kommen können.

Mehr als 10 Jahre habe ich mit erwachsenen Kindern aus Suchtfamilien gearbeitet und zugleich im Rahmen eines wissenschaftlichen Forschungsprojektes Kinder und erwachsene Kinder aus Suchtfamilien befragt, was ihnen in ihrem persönlichen Prozess geholfen hat, ihr Leben zu verändern. Dabei benannten die Befragten Aspekte, die ich zu sieben Bausteinen, deren Anfangsbuchstaben das Wort AWOKADO ergaben, zusammengefasst habe.

Dabei steht:

A für Achtsamkeit
W für Würdigung der Belastung und Stärken
O für Orientierung
K für Kreativität
A für Ausdruck
D für Deckung und De-Parenting
O für Offenheit und Öffnung

Die Verwandtschaft mit der Frucht Avocado ergab sich zufällig und ich mochte sie gerne herstellen, denn diese gilt als äußerst heilsame und wirksame Frucht, die jedoch dosiert einzusetzen ist.

Auf der Basis des AWOKADO-Konzeptes und weiteren praktischen Erfahrungen habe ich das nachfolgende AWOKADO-7-Schritte-Programm entwickelt. Auch hier gilt das AWOKADO-Prinzip der maßvollen Dosierung. Es hat sich in der Praxis wenig bewährt, von einem

Tag auf den anderen das eigene Leben komplett aus den Angeln zu heben, sondern Betroffene beschrieben es als hilfreich, die einzelnen Schritte jeden Tag ein Stück mehr, mit Geduld und Beharrlichkeit, in ihr Leben einzubauen. Das Wichtigste schien dabei, wie schon aufgezeigt, der Glaube daran, dass etwas zu ändern ist – um diesen Glauben zu bewahren, brauchten Suchtkinder Unterstützung, manche von therapeutischer Seite. Es kann hilfreich sein, vor jedem Üben diesen Satz des Zutrauens zur Kraft der Veränderung, im Folgenden Zuversichtssatz genannt, mantragleich einige Male zu wiederholen. Ein solcher Satz könnte etwa lauten: »*Auch wenn ich anderes erfahren habe, weiß ich, dass ich in meinem Leben etwas zum Positiven hin verändern kann!*« Experimentieren Sie, wandeln Sie diesen Satz so ab, dass er für Sie stimmt.

Das AWOKADO-7-Schritte-Programm konnte auch erfolgreich angewendet werden in der Arbeit mit (erwachsenen) Kindern chronisch und existentiell erkrankter Eltern (z. B. Krebserkrankung), mit (erwachsenen) Kindern von psychisch erkrankten Eltern, bei familiärer Traumatisierung und bei Auswirkungen von Trennungsfolgen.

Vor dem Start

Sie benötigen ein Heft, in dem Sie Wichtiges aus der Arbeit mit den Bausteinen hineinschreiben und einkleben können (wenn Sie gern viel schreiben und malen, sollte das Heft nicht zu dünn sein), ein Sortiment an Stiften zum Malen und Gestalten, ein paar unbeschriebene Karten in Postkartenformat und einen Ort, an den Sie sich ungestört zurückziehen können (idealerweise ist an diesem Ort eine Anlage zum Abspielen von Musik – im anderen Falle sollten Sie bei entsprechenden Aufgaben jeweils für ein tragbares Gerät sorgen). Sie selbst bestimmen Tempo und Zeit. Es kann stimmig sein, mit dem ersten Schritt eine Woche zu verbringen, bevor Sie den zweiten angehen – oder Sie gestalten das Programm im monatlichen Turnus, also etwa Schritt 1 im April, Schritt 2 im Mai usw. Andere wiederum lieben eine Verdichtung. Die Schritte können auch während eines einwöchigen Rückzugs, einem

Urlaub allein mit sich (einem sogenannten Retreat / Boorstein 2000) bearbeitet werden, in dem ein Schritt einem Tag gewidmet wird – das setzt allerdings eine größere Stabilität voraus, die Sie vorher einschätzen und beachten müssen. Sie werden wissen, welches Tempo und welche Dosierung für Sie stimmig sind – wenn Ihnen Zweifel kommen, besprechen sie sich etwa mit ihrem Therapeuten, Hausarzt oder anderen Vertrauten. Legen Sie die Dosierung jedoch unbedingt vor dem Einstieg in das Programm fest und tragen sie anschließend eine regelmäßige Zeit der Übung fest in Ihren Terminkalender ein – bewährt hat sich täglich 30 Minuten (dies gilt allerdings für einen Ganz-Tages-Retreat).

Der 1. Schritt: Achtsamkeit

Wie wir gesehen haben, lernen Kinder in Suchtfamilien vor allem, gut auf die Menschen um sich herum zu achten und für diese zu sorgen – viele lernen dagegen kaum, auf sich selbst gut zu achten. Achtsamkeit für sich selber fällt ihnen nicht einfach in den Schoß, da gerade das Nicht-Wahrnehmen im Angesicht des Suchttabus tägliche Notwendigkeit darstellte.

Achtsamkeit kann auf verschiedene Weise in das Leben Einzug halten.

Erwachsene Kinder aus Suchtfamilien müssen wieder lernen, sich ihrer selbst bewusst zu werden, um selbstbewusst zu werden. Achtsamkeit kann geübt werden als Achtsamkeit für den eigenen Körper, für das Gefühlsleben, für den Atem usw. Auch im Alltag kann Achtsamkeit geübt werden. Sie können Wartezeiten am Bus, Haushaltstätigkeiten und vieles andere mit ihrer Achtsamkeit begleiten, indem Sie sich fragen: Wie ist mein Atem gerade, wie atme ich ein und aus?

Werden Sie Ihr eigener Beobachter und schulen Sie Ihre Selbstwahrnehmung. Genau diesen Aspekt beschreiben Menschen als wichtige Stütze auf dem Weg in ein glücklicheres Leben. Es kann hilfreich sein, ein morgendliches Achtsamkeitsritual einzuführen ebenso wie eine Achtsamkeitsübung am Abend den Tag gut beschließen kann. Auch Zen-Meditation, bestimmte Yogaformen und Achtsamkeitsschulung, etwa nach Kabat-Zinn mit der MBSR-Metode zur Stressreduktion, können hier eine gute Hilfe sein (solche Programme sind auch als CDs im Handel erhältlich). Bei regelmäßigem Üben wird die Achtsamkeit immer mehr zu einem grundlegenden Lebensprinzip für Sie werden – in der Folge erkennen sie auch Glücksmomente besser, denn diese benötigen ebenso Achtsamkeit, um als solche wahrgenommen zu werden.

Übung: Ich ... mit Leib und Seele im Hier und Jetzt

Wählen Sie einen geschützten, ruhigen Raum in Ihrer Wohnung oder auch in der Natur, denn Sie sollten für die Zeit der Achtsamkeitsübung ungestört sein. Versuchen Sie, sich so hinzusetzen oder hinzulegen, wie es Ihnen angenehm ist – achten sie schon dabei gut auf sich: wenn Sie lieber im Gehen Ihre Achtsamkeit schulen, ist das genauso richtig. Wichtig ist, dass Sie diese Übungen so gestalten, wie es Ihnen Ihre Achtsamkeit zeigt. Sprechen Sie dann Ihren Zuversichtssatz:

»Auch wenn ich anderes erfahren habe, weiß ich, dass ich in meinem Leben etwas zum Positiven hin verändern kann!« Gehen Sie zunächst mit Ihrer Achtsamkeit mehrere Minuten zu Ihrem Atem und nehmen Sie nur wahr, wie Sie atmen.

Im weiteren Verlauf richten Sie Ihre Achtsamkeit auf Ihren Körper, folgen Sie der Frage: Wie fühlt sich mein Körper jetzt gerade an?

Machen Sie einen kurzen Körpercheck von den Füßen bis zum Kopf, indem sie alle großen Körperteile einmal explizit in Gedanken mit einem Wort ansprechen und wahrnehmen. Wichtig: Sie müssen nichts ändern, nur wahrnehmen.

Ebenso verfahren Sie im weiteren Verlauf mit Ihrem Gefühl.

Folgen Sie der Frage: Wie fühle ich mich jetzt gerade in diesem Augenblick?

Lassen Sie nun den Tag Revue passieren ... Lassen Sie Gedanken kommen und gehen. Gehen Sie nun der Frage nach: Was hat mich heute belastet und was hat mir gut getan?

Gab es Glücksmomente?

Es kann hilfreich sein, anschließend Wichtiges in Ihrem 7-Schritte-Buch festzuhalten.

Je öfter Sie täglich Achtsamkeit praktizieren, umso mehr kann sich dieses Prinzip auf andere Ebenen Ihres Lebens auswirken. Auch in Ihren Beziehungen können sich dadurch neue Schritte ergeben. Gönnen sie sich einen achtsamen Blick auf ihre Beziehungen. Fragen Sie sich ab nun nicht mehr zuerst, was andere von Ihnen erwarten, sondern nehmen Sie sich bewusst Zeit, zunächst herauszufinden, was Sie selbst wollen und brauchen. Sie müssen, wenn Sie bislang, um in unserem Rollen-Bild zu bleiben, »Mutter Teresa« waren, nicht befürchten, »asozial« und rücksichtslos zu werden – es geht um ein bisschen mehr »Sie« in Ihrem Leben. Das erfordert am Anfang Zeit und Mühe, bis es später förmlich in Fleisch und Blut übergegangen ist. Vielleicht erzeugen Sie in Ihrem Umfeld damit zunächst Unmut und Verwirrung. Menschen, die Ihnen wohl gesonnen sind, werden Ihren Prozess nach der ersten Verwunderung unterstützen – vielleicht gibt es Dinge, die Sie gern anders hätten im Kontakt. Schauen Sie, ob es die Möglichkeit geben kann, das anzusprechen. Vielleicht möchten Sie nach diesem Prozess der Schulung der Eigenachtsamkeit mit einigen Menschen weniger Zeit verbringen. Vielleicht gilt es auch solche, die Ihnen nicht gut tun, denen Sie ein Stück weniger Raum geben oder die Sie gar verabschieden möchten?

Das eigene Ich in seiner Einzigartigkeit ganz und gar zurückzugewinnen, kann ein großes Glück darstellen – manche Suchtkinder beschrieben es in ihrer therapeutischen Arbeit als größtes Glück. Sie können jederzeit beginnen – Achtsamkeit kann ihr treuer Wegbegleiter werden, den sie überall und immer dabei haben. Es ist an der Zeit, dass Sie das Zentrum Ihres eigenen Lebens werden.

2. Schritt: Schutzräume erschaffen

Wenn Kinder mit suchterkrankten Eltern aufwachsen, dann haben sie meist wenig Sicherheit erfahren dürfen. Diese Sicherheit muss sich nicht nur auf Versorgung oder Materielles beziehen, sondern insbesondere auch, wie wir gesehen haben, auf emotionale Wechsel, plötzliche Stimmungswechsel und ständig drohende Krisen. Deshalb ist es für Suchtkinder besonders wichtig, für die eigene Sicherheit zu sorgen.

Das kann bedeuten, als Erwachsene zum ersten Mal einen Ort zu erschaffen, an dem es sich sicher anfühlt. Bei vielen Suchtkindern sitzt die Verunsicherung der Kindheitstage so tief, dass sie auch im Jetzt, wenn Angst, Sorge und Verunsicherung vielleicht nicht mehr nötig erscheinen, dennoch unter eben diesen leiden.

Wie Sicherheit in das Leben Einzug halten kann: das ist für jeden Menschen anders. Manche Suchtkinder empfinden materielle Versorgung und einen sicheren Job als Grundlage ihrer Sicherheit, andere brauchen eine beste Freundin, wieder andere einen Hund, manche ein abschließbares Zimmer, das sie das Ihre nennen können, abseits der Familie. Vielleicht überlegen Sie kurz, was Sie für Ihr persönliches Sicherheitsgefühl brauchen ... Wichtig ist, dass das Gefühl der Sicherheit auch durch Imaginationen und Vorstellungskraft unterstützt werden kann. Nutzen Sie dazu die nachfolgende Übung.

Übung: Sicher ... in mir

Wählen Sie einen geschützten, ruhigen Raum in ihrer Wohnung oder auch in der Natur – sie sollten für die Zeit der Übung ungestört sein. Versuchen Sie, sich so hinzusetzen oder hinzulegen, wie es Ihnen angenehm ist – achten Sie schon hier auf sich: Wenn Sie lieber im Gehen üben, ist das genauso gut. Wichtig ist, dass Sie diese Übungen so gestalten, wie es Ihnen ihre Achtsamkeit jetzt zeigt.

Gehen Sie mehrere Minuten zunächst mit ihrer Achtsamkeit auf Ihren Atem und nehmen Sie nur wahr, wie sie atmen. Sprechen Sie dreimal Ihren Zuversichtssatz: »Auch wenn ich anderes erfahren habe, weiß ich, dass ich in meinem Leben etwas zum Positiven hin verändern kann!«

Reisen Sie nun in Ihrer Vorstellung an einen Ort, an dem Sie sich sicher fühlen. Stellen Sie sich diesen Ort ganz genau vor: wie riecht es hier, wie schmeckt es, welche Klänge und Geräusche sind zu hören, welche Farbe und Landschaft zeigt sich? Verweilen Sie in Gedanken einige Zeit an diesem Ort und malen Sie ihn. anschließend. auf ein Blatt Papier. Wenn Sie mögen, geben Sie dem entstandene Bild einen Platz, wo Sie es immer wieder anschauen können.

Manchen Suchtkindern fällt es schwer, sich einen solchen Ort des Schutzes und der Sicherheit vorzustellen, diesen möchte ich eine musiktherapeutische Übung anbieten.

Übung: Sicher ... durch Musik

Wählen Sie zunächst eine Musik aus, mit der Sie sich sicher fühlen. Das kann ein Stück sein, das Sie augenblicklich gern hören, das kann auch ein Musikstück aus früherer Zeit, etwa aus Ihrer Jugend, sein. Machen Sie sich auf und hören Sie ab jetzt unter dem Aspekt: Bei welcher Musik spüre ich Sicherheit, womit fühle ich mich wohl und sicher. Setzen Sie diese Musik von nun an regelmäßig auf der Reise zu ihrem Sicherheitsgefühl ein.

Sprechen Sie nun Ihren Zuversichtssatz. Konzentrieren Sie sich zunächst auf Ihre Achtsamkeit, wie Sie es schon vorher gelernt haben.

Spielen Sie nun die Musik ein. Hören Sie, indem Sie die Musik ganzkörperlich wahrnehmen: hören Sie förmlich mit Ihrem ganzen Körper, mit Ihrem Atem, mit jeder Zelle, lassen Sie sie von den Schwingungen durchdringen, spüren Sie Ihre Gefühle, lassen Sie innere Bilder aufsteigen – vielleicht möchten Sie diese anschließend malen. Nutzen Sie diese Musik nach einigen Hörübungen auch immer dann bewusst, wenn Sie gerade dringend Sicherheit brauchen können.

Nach einiger Zeit der Übung mit Musik lässt sich in der Regel die Übung »Sicher … in mir« durchführen.

Vielen Suchtkindern wurde es mit der Zeit möglich, sich in sich selbst heimischer zu fühlen. Sie empfanden das Gefühl, endlich gern in sich selber zu wohnen, sich oft erstmalig in sich wirklich zu Hause zu fühlen, als großes Glück.

3.Schritt: Die Belastung und die Stärken würdigen

Wie die Praxis zeigt, ist es ein wesentlicher Schritt für Suchtkinder – nicht selten zum ersten Mal – sich das eigene Leiden einzugestehen. Wenn dieses jahrzehntelang verleugnet und tabuisiert wurde, ist das Verleugnen oft ein Teil der Persönlichkeit geworden. Alles, was

Sie in diesem Augenblick denken, fühlen und körperlich wahrnehmen wurzelt auf den Erfahrungen, die Sie als Kind gemacht haben. In leibtherapeutisch orientierter Arbeit nennen wir dies das »Leibgedächtnis« – hier sind körperliche, seelische und geistige Erfahrungen abgespeichert. Für viele Suchtkinder ist der Prozess, das in der Kindheit Erfahrene anzuerkennen, enorm schwierig: Sie haben gelernt, zu bagatellisieren, zu entwerten: »Andere haben doch viel Schlimmeres erlebt!« »Meine Eltern haben das doch nicht mit Absicht gemacht!« Derartige Aussagen sind in diesem Zusammenhang oft zu vernehmen. Sie erwiesen sich jedoch als weniger hilfreich auf dem Weg zu einem glücklicheren Leben, werden doch in dieser Betrachtungsweise sowohl die persönliche Lebensleistung der Suchtkinder und ihr kindlicher Mangel ausgeblendet. Beides bedarf der Würdigung – solange Mangel nicht gesehen werden darf, kann er auch nicht betrauert und nachversorgt werden. Es geht also in diesem Schritt nicht darum, dass Sie sich nun, was Sie vermutlich nicht mehr gern tun möchten, durch die Verletzungen ihrer Kindheit graben, aber dass Sie sich bewusst werden, was Sie in Ihrer Kindheit geleistet haben. Unterstützen dabei kann Sie die Übung »Mein Stärkenfinder«.

Übung: Mein Stärkenfinder

Gehen Sie an einen geschützten Ort. Sprechen Sie dreimal Ihren Zuversichtssatz.

Vielleicht hatten Sie in Ihrer Kindheit ein Lieblingskuscheltier oder eine Puppe. Wenn Sie diese Puppe noch haben, dann holen Sie diese zu dieser Übung dazu. Wenn nicht, dann nehmen Sie in der Fantasie Kontakt zu Ihrem Tier oder dieser Puppe auf.

Nun lassen Sie das Tier erzählen, was x (fügen Sie an dieser Stelle ihren Vornamen ein) alles geschafft hat und welche Stärken dabei erwachsen sind. Lassen Sie sich Zeit.

Für viele Suchtkinder ist dieser Blickwinkel sehr ungewohnt – der Stärkenfinder jedoch ist geübt – nehmen Sie ihn ernst!

Vielleicht finden Sie Symbole für Stärken, die Sie auf eine Karte malen kön-

nen. Kleben Sie diese Karten in Ihr 7-Schrittebuch und schauen Sie diese immer wieder einmal an.
Vielleicht sind aus diesen Dingen, die Sie schon früh tun mussten, besondere Fähigkeiten erwachsen. Welche sind das? Wenn Ihnen das sehr schwer fällt, befragen Sie Ihren Partner oder einen Freund oder Freundin dazu. Gestalten Sie drei dieser Fähigkeiten auf jeweils eine Karte und kleben auch diese in ihr 7-Schritte-Buch.

4. Schritt: Boden und Standpunkt finden

Viele Suchtkinder konnten therapeutische Arbeit nutzen, um sich besser und klarer zu orientieren. Dazu gehörte, dass sie, oft erstmalig in Ihrem Leben, lernten, einen eigenen Standpunkt zu entwickeln. Einen Standpunkt kann man sprichwörtlich nur entwickeln, wenn man den Boden unter den Füßen wahrnimmt und sich mit diesem verbindet. Trainieren Sie Ihren Stand, indem Sie ihn in verschiedenen Situationen wahrnehmen. Fragen Sie sich: Wie stehe ich gerade, wie ist mein Bodenkontakt? Sie werden überrascht sein, wie oft dieser Stand viel über Sie und die jeweilige Situation, in der sie sich befinden, aussagt. Vielleicht sind Ihre Füße nur mit den Zehen mit dem Boden in Kontakt, Sie sind schon auf dem Sprung, würden gern flüchten etc. Ihr Stand erzählt, sagt etwas aus! Sie können diesen Stand durch Übungen verbessern (in vielen Kampfsportarten gibt es hierzu gute Anleitungen). Nur, wenn Sie zu sich stehen können, im sprichwörtlichen Sinne, können Sie überzeugend für sich eintreten.

Übung: Standbild im Spiegel

Suchen Sie einen großen Spiegel, der Sie ganzkörperlich erfasst. Stellen Sie sich nun so hin, wie Sie in der Regel stehen. Seien Sie sehr genau, stellen Sie sich genau so hin, wie es meist der Fall ist. Achten Sie auf Ihre Kopfhaltung, die Schultern und beachten Sie vor allem Ihren Stand, mit den Füßen und den Beinen. Schauen Sie in den Spiegel. Was sehen Sie? Schauen Sie sich mit den Augen eines anderen. Was fällt Ihnen auf? Wagen Sie einen kritischen und dann einen wertschätzenden Blick auf ihr Spiegelbild.

Und nun stellen Sie sich so hin, wie Sie gern stehen möchten. Vielleicht bleibt alles gleich, vielleicht wollen Sie aber auch etwas verändern? Die Füße gleichmäßig belasten, die Schultern heben, den Kopf aufrichten? Probieren Sie es aus! Kleine Veränderungen können, wie Suchtkinder erzählen, große Wirkung haben. Nehmen Sie Ihre Körpersprache ernst, lassen sie Ihre Füße den Stand bestimmen, Ihre Schultern, den Kopf, ihr Herz. Folgen Sie kreativ Ihren Körperimpulsen! Aufrichtiger und fester Stand gibt Halt und überzeugt!

Wenn Sie Ihren Stand regelmäßig beobachten und so einrichten, wie es für Sie stimmt, kann es sein, dass andere Sie neu und anders wahrnehmen, vielleicht »aufrichtiger«, »standfester« – so lauteten typische Rückmeldungen.

Viele Suchtkinder kommen insbesondere im Angesicht der mit der Suchterkrankung einhergehenden Schuldthematik arg in Not: Sie zweifeln, ob es nicht doch anders war zu Hause, als sie es nun einschätzen. »Bin ich ungerecht zu meiner Familie?« fragen sie sich etwa. Es ist wichtig, dass Suchtkinder das Zutrauen zu ihrer eigenen Wahrnehmung zurückgewinnen. Meist können Menschen auf einen unzerstörbaren Kern, der sie ausmacht, vertrauen: ein innerer Ort, der unversehrbar ist. Auch in Ihnen wird es diesen Kern geben – machen Sie sich auf die Suche nach diesem unversehrten Kern in Ihnen.

Übung: Der inneren Stimme vertrauen

Wählen Sie einen geschützten ruhigen Raum in Ihrer Wohnung oder auch in der Natur – Sie sollten für die Zeit der Übung ungestört sein. Versuchen Sie, sich so hinzusetzen oder hinzulegen, wie es Ihnen angenehm ist – achten Sie auch schon hier auf sich: wenn Sie lieber im Gehen üben, ist das genauso gut. Wichtig ist, dass Sie diese Übung so gestalten, wie es Ihnen Ihre Achtsamkeit und Ihr Gefühl zeigt.

Gehen Sie mehrere Minuten zunächst mit Ihrer Achtsamkeit auf Ihren Atem und nehmen Sie nur wahr, wie Sie atmen. Stellen Sie sich vor, dass Sie mit jedem Ihrer Ausatemzüge ein Stück näher zu Ihrem Inneren kommen, zu Ihrem inneren Kern …

Gehen Sie nun diesen Fragen nach:
Wie stelle ich mir meinen Kern vor?
Wo in meinem Körper ist er beheimatet?
Wenn dieser Kern sprechen könnte, was erzählte er? Nehmen Sie nur wahr. Bewerten Sie nicht. Schreiben Sie anschließend Wichtiges auf!

Wenn Sie sich bei Entscheidungen im Alltag unsicher fühlen, können Sie in Kontakt zu der Körperstelle gehen, an der Sie diesen Kern gespürt haben. Die Konzentration auf diese Stelle kann in Entscheidungen hilfreich sein und wichtige Orientierung bieten.

Damit Sie den Kontakt zu diesem inneren Kern leichter herstellen können, ist es sinnvoll, diese Übung regelmäßig zu wiederholen.

Viele Suchtkinder konnten durch die Festigung ihres eigenen Standpunktes und mit Hilfe ihrer inneren Stimme neue Perspektiven in ihren Beziehungen gewinnen. Oft waren sie erstmalig in der Lage, ihre Nähe und Distanzwünsche in Partnerschaften ernst zu nehmen und stärker mitzubestimmen. Gerade Suchtkindern leiden an dem immer wiederkehrenden Erleben, von anderen nah heran und wieder weggestoßen zu werden (so wie es die suchtkranken Eltern und ihre Partner früher oftmals über Jahre getan haben). Dies führt zu der Erfahrung, sich ausgenutzt zu fühlen. Die vorhergehenden Übungen unterstützen eine selbst bestimmte Positionswahl in Beziehungen zu Erwachsenen.

5. Schritt: Sich öffnen

Wenn Menschen über Jahre und Jahrzehnte, wie wir es schon gesehen haben, in einer Familie aufwachsen, die einer Festung gleicht, dann ist das vermutlich nicht ohne Folgen geblieben. Viele dieser in der Festung aufgewachsenen Suchtkinder werden von anderen als »zu«, »unerreichbar« oder einfach »komisch« empfunden, weil sie Außen etwas anderes zeigen als das, was sie innerlich empfinden – dieser Vorgang ist oftmals nicht bewusst. Deshalb kann für Suchtkinder wichtig sein, einen Schritt aus der Enge, einen Schritt hin zu mehr Öffnung zu tun.

Übung: In die Weite

Wählen sie einen geschützten ruhigen Raum in Ihrer Wohnung oder auch in der Natur – Sie sollten für die Zeit der Übung ungestört sein. Versuchen Sie, sich so hinzusetzen oder hinzulegen, wie es Ihnen angenehm ist – achten Sie auch schon hier auf sich: Wenn Sie lieber im Gehen Ihre Achtsamkeit schulen, ist das genauso gut. Wichtig ist, dass Sie diese Übung so gestalten, wie es Ihnen Ihre Achtsamkeit zeigt.

Gehen Sie mehrere Minuten zunächst mit Ihrer Achtsamkeit auf Ihren Atem und nehmen Sie nur wahr, wie Sie atmen.

Stellen Sie sich nun vor Ihrem inneren Auge eine Landschaft vor, in der Sie Weite empfinden. Wie sieht diese Landschaft aus? Wie riecht es? Welche Farben sehen Sie, wie klingt es hier? Lassen Sie sich Zeit wahrzunehmen.

Spüren Sie nun, wie sich Ihr Körper anfühlt. Gibt es eine Körperstelle, die sich besonders angenehm anfühlt? Spüren Sie hier Weite?

Kommen Sie mit Ihrer Aufmerksamkeit nun zurück in das Hier und Jetzt, spüren Sie den Boden unter sich. Wenn Sie mögen, können Sie nun einen Bericht über Ihren Ausflug in die Weite in das 7-Schritte-Buch schreiben.

Oftmals ist mit dem Prozess der familiären Isolation auch eine starke Einengung verbunden, die letztlich das Wertesystem und die Normen der Suchtkinder betrifft. Durch die Suchterkrankung geprägte Wertehaltungen kriechen in Kinder förmlich unbemerkt hinein. Für Fremde muten sie in ihrer Ausprägung manchmal fast absurd an.

»In meiner Familie wurden Frauen nur danach bewertet, ob sie schlank waren – »dicke« Frauen, die normal aßen, fielen aus der Attraktivitätsskala meiner Mutter und waren unten durch – meine Mutter hätte sie nie zu uns eingeladen.«

»In meiner Familie wurden Freunde danach ausgesucht, ob es viel zu trinken gab – kaum ausgeschenkter Alkohol war ein Grund, Freundschaften abzubrechen, Einladungen auszuschlagen.«

Verquer wirkende Normen und Werte können im Leben von Suchtkindern bestimmend werden, wenn sie sie nicht hinterfragen.

Übung: Ich und meine Werte

Gerade in Familien mit Suchtkranken wechseln Werte und Meinungen oft. Werden Sie sich darüber klar, welche Werte Ihre eigenen sind. Wofür möchten Sie sich einsetzen, was möchten Sie nicht? Geben Sie sich Zeit nachzudenken und gehen Sie in Kontakt zu Ihrem inneren Kern. Schreiben und gestalten Sie mindestens einen, vielleicht drei der Werte, die Ihnen heute am Herzen liegen, auf jeweils eine Karte und fügen Sie Ihrem Buch hinzu.

6. Schritt: Ausdruck

Wenn Menschen über Jahre für Sie Wichtiges in ihrem Inneren verbergen mussten, dann ist es oft schwer, den Prozess, etwas von innen nach außen zu lassen, wieder in Gang zu setzen. Wertvolle Unterstützung dabei können kreative Medien bieten. Was nicht gesagt werden kann, kann vielleicht getanzt, gemalt oder musiziert werden. Für viele Suchtkinder ist es hilfreich, ihr Kreativsein aus Kindertagen wieder aufleben zu lassen oder es im Hier und Jetzt neu zu entdecken. Auch das, was jetzt gerade wichtig ist, auszudrücken, wie ich es Ihnen in der nachfolgenden Übung anbieten möchte, kann bedeutsam sein.

Übung: Ohne Worte

Wählen Sie einen geschützten ruhigen Raum in Ihrer Wohnung oder auch in der Natur – Sie sollten für die Zeit der Übung ungestört sein. Versuchen Sie, sich so hinzusetzen oder hinzulegen, wie es Ihnen angenehm ist – achten Sie auch schon hier auf sich: Wenn Sie lieber im Gehen üben, ist das genauso gut. Wichtig ist, dass Sie diese Übungen so gestalten, wie es Ihnen Ihre Achtsamkeit zeigt.

Gehen Sie mehrere Minuten zunächst mit ihrer Achtsamkeit auf Ihren Atem und nehmen Sie nur wahr, wie Sie atmen.

Spüren Sie nun, wie es Ihnen gerade jetzt geht. Wie fühlen Sie sich? Versuchen Sie dies auf eine Karte zu gestalten, finden Sie passende Farben. Lassen Sie das, was Sie fühlen, über die Hände auf die Karte fließen. Zensieren Sie nicht.

Wenn Ihnen Bewegung näher ist, um ihr Befinden auszudrücken, dann finden Sie Bewegungen, die jetzt passen. Wenn Sie Musikinstrumente im Haus haben, setzen sie diese ein. Ich möchte Sie ausdrücklich ermuntern, dies auch dann zu versuchen, wenn Sie kein Instrument spielen. Sie müssen nicht Bach spielen können, um ein Gefühl auszudrücken. Trauen Sie sich!

Viele Suchtkinder leiden unter großem Druck und Spannungen. Ausdruck baut Druck und Spannungen ab: Sie müssen es nur wirklich tun!

Im zweiten Schritt versuchen Sie mit einer Person, die Ihnen wichtig ist, über das Gestaltete ins Gespräch zu kommen. Ausdruck braucht Resonanz und Echo, damit er nicht, ins Leere gehend, verhallt.

7. Schritt: Verbindung suchen

Zu den schlimmsten Erfahrungen der Suchtkindvergangenheit scheinen das innere Alleinsein und die damit verbundenen Einsamkeitsgefühle zu gehören. Als Erwachsene können Suchtkinder neue Erfahrungen machen. Heute sind sie in der Lage, Verbindungen zu nutzen, aufzunehmen, zu verändern: Sich mit Menschen zu verbinden, die ihnen gut tun, bedeutet für Suchtkinder einen wesentlichen Schritt in ein glücklicheres und zufriedeneres Leben.

Übung: Die Tür zu meinem Herzen

Wählen Sie einen geschützten ruhigen Raum in Ihrer Wohnung oder auch in der Natur – Sie sollten für die Zeit der Übung ungestört sein. Versuchen Sie, sich so hinzusetzen oder hinzulegen, wie es Ihnen angenehm ist – achten Sie auch schon hier auf sich: Wenn Sie lieber im Gehen üben, ist das genauso gut. Wichtig ist, dass Sie diese Übung so gestalten, wie es Ihnen ihre Achtsamkeit und Ihr Gefühl zeigt.

Gehen Sie mehrere Minuten zunächst mit Ihrer Achtsamkeit auf Ihren Atem und nehmen Sie wahr, wie Sie atmen. Sprechen Sie dreimal ihren Zuversichtssatz.

Gehen Sie nun mit Ihrer Achtsamkeit zu Ihrem Herzen. Wenn Sie mögen, können Sie auch eine Hand so auflegen, wie es für Sie angenehm ist. Nehmen Sie wahr: wie fühlt sich ihr Herz jetzt gerade an? Nehmen Sie nur wahr, bewerten Sie nicht.

Stellen Sie sich nun Ihr Herz als einen Raum vor. Wie ist es eingerichtet, als Kammer, als großer Saal? Schauen Sie genau hin. Schauen Sie nun darauf, wie die Verbindungen dieses Raumes nach Außen sind. Gibt es Öffnungen, gibt es Türen? Sind diese Türen geschlossen, verriegelt oder geöffnet? Wenn ja, wie weit?. Sie können nun Ihr Bild so verändern, wie es für Sie stimmt. Entscheiden Sie, ob Sie eine Tür vielleicht ein wenig mehr öffnen wollen, einen Spalt oder mehr? Und für wen? Fragen Sie Ihr Herz, wer ihm gut tut und wen es ersehnt. Zensieren Sie nicht.

Kommen Sie mit Ihrer Aufmerksamkeit zurück in den Raum, recken und strecken Sie sich. Schreiben Sie einen kleinen Text in ihr 7-Schritte-Buch ...

Vielen Suchtkindern hilft es, in ihren Bindungen eine neue Perspektive einzunehmen, die Erwartung, »Die anderen müssen sich ändern!« (Das endet bei vielen Suchtkindern neuerlich in Erfahrungen von Ohnmacht) zu ersetzen durch die Haltung: »Ich kann nur mich wirklich ändern!« und die Energie in diese Richtung zu lenken. Für die ersten Schritte auf dem Weg, mit der eigenen Geschichte nach Außen zu gehen, nicht mehr alleine zu bleiben und sich im Gespräch zu öffnen, sich zu verbinden, eignen sich Selbsthilfegruppen. Die Anonymen Alkoholiker etwa bieten einschlägige Treffen an, auch im Internet lassen sich Online-Netzwerke für Suchtkinder finden. (z. B. »Nacoa«)

Programm beendet? Geschafft!?

Sie haben alle Schritte des Programms durchgearbeitet? Machen Sie ein Resümee, das Sie Ihrem Buch anvertrauen. Wie geht es Ihnen jetzt? Vergleichen Sie Ihr Befinden mit den Eintragungen zu Beginn, vor und nach der ersten Achtsamkeitsübung. Hat sich etwas verändert, in Ihrem Körper, in Ihrem Denken und Fühlen, in Ihren Beziehungen? Wenn das der Fall ist, gratuliere ich Ihnen. Das ist Ihr Erfolg. Versuchen Sie Ihn entsprechend zu würdigen!

Eine Methode, diesen Erfolg zu sichern, kann es sein, weiter zu üben – vielleicht einzelne Schritte –, von denen sie glauben, dass Sie Ihnen besonders geholfen haben. Ein guter Weg, das Erlernte zu festigen, stellt das anschließende AWOKADO-Stärkungs-Ritual dar.

Sie verspüren keine Veränderung? Machen Sie sich auf herauszufinden, woran das liegen kann. Manchmal muss der Blick für kleine Veränderungen erst geschärft werden. Überprüfen sie achtsam, ob sie wirklich auch kleine Veränderungen in den Blick genommen haben und entsprechend würdigen konnten... Vielleicht ist auch gerade dieses Programm nicht passend für Sie? Jeder lernt auf eine andere Weise, vielleicht ist wer Weg, auf der kognitiven Ebene Informationen zu erhalten, für Sie passender. Oder ist es möglich, dass Sie in Ihrer Grundannahme, dass in Ihrem Leben nichts zu ändern sei, in Resignation feststecken? Dann kann es hilfreich sein, sich der Untersuchung dieser Überzeugung ausführlicher zu widmen. Suchen Sie Unterstützung, vielleicht bei einem Familienmitglied, einem Freund oder einer Freundin. Wenn Sie sich nachhaltig schlecht fühlen und auch die nötigen Sozialkontakte fehlen, möchte ich Sie ermutigen, Selbsthilfegruppen oder professionelle Hilfe in Anspruch zu nehmen.

6.3 Das AWOKADO-Stärkungs-Ritual

Veränderung findet nicht nur über den Kopf statt. Veränderung muss leiblich erfolgen, das heißt sowohl auf der geistigen, der körperlichen und der seelischen Ebene. Es ist günstig, wenn Sie die neuen Schritte, die Sie vielleicht schon getan haben, auch durch das AWOKADO-Stärkungs-Ritual unterstützen. Ihre selbst erarbeitete Bewegungschoreographie (und ich bitte Sie, vor diesem Wort nicht zu erschrecken) kann regelmäßig ausgeführt, alltäglich geübt, aktiv neue Spuren im Gehirn bahnen und Veränderung neuronal verankern – denken Sie daran, dass das Anlegen neuer Trampelpfade im Gehirn vor allem Zeit und Wiederholung erfordert.

Suchen Sie sich einen Platz, an dem Sie gut stehen können und ungestört sind. Gehen Sie mit Ihrer Aufmerksamkeit nun zu Ihrem Atem, so wie Sie es aus dem AWOKADO-7-Schritte-Programm schon kennen. Sprechen Sie zunächst dreimal ihren Satz der Zuversicht.

Sagen Sie sich nun jeweils den unten angegebenen Satz laut vor und führen dann eine für Sie passende Geste aus. Wiederholen sie diese Geste in verschiedenen Tempi, solange, bis es Ihnen passend erscheint.

1. Ich achte auf mich!
2. Ich schütze mich!
3. Ich würdige meine Belastung, ich würdige meine Stärken!
4. Ich spüre den Boden, der mich trägt – ich finde meinen Standpunkt!
5. Ich öffne mich!
6. Ich drücke aus, was mich bewegt!
7. Ich öffne mein Herz und verbinde mich mit Menschen, die mir gut tun!

Zu jedem dieser Sätze finden Sie eine passende Geste und verbinden sie mit der vorhergehenden, bis alle Gesten in Ihrer persönlichen Choreographie mit den jeweiligen Sätzen verbunden sind. Führen Sie dieses Ritual mehrfach hintereinander aus, bis Sie dieses verinnerlicht haben.

Wann immer Sie Stärkung und Unterstützung gebrauchen können, und Sie einen ruhigen Ort finden, können Sie auf das stärkende Ritual zurückgreifen.

Wenn Ihnen das gesamte Ritual zu umfangreich erscheint, können Sie auch den Satz, der Sie gerade am meisten anspricht, mit einer passenden Geste verbinden, diese regelmäßig ausführen und ab dann immer einsetzen, wenn Sie Unterstützung benötigen. Vielleicht mögen Sie mit dem Ritual oder einer Geste den Tag beginnen …

Zum guten Schluss

Nachgedanken zur zweiten Auflage

Ich freue mich sehr, dass die erste Auflage dieses Buches eine so große Resonanz gefunden hat. So konnten viele Betroffene und Interessierte erreicht werden, aber: Schnell war die erste Auflage vergriffen! Im Klett-Cotta Verlag wurde ein starker und erfahrener Partner für eine zweite, erweiterte und überarbeitete Auflage gefunden, mein besonderer Dank für Ihre feinfühlige Lektoratsarbeit gilt Dr. Christine Treml-Begemann. Die 2010 geschriebene Fassung erscheint hier nun ungekürzt in der deutlich längeren ursprünglichen Fassung. Die Erzählungen Betroffener konnten systematisiert und ausgeweitet werden, etwa um die Thematik der immer aktueller werdenden Spielsucht – ebenso um das Thema der Loslösung aus Suchtfamilien im Kapitel »Suchtkinder zwischen Abschied und Neubeginn«.

Ich freue mich, dass das im Buch vorgestellte AWOKADO-Konzept inzwischen mehr Menschen nahe gebracht wurde: Studierenden im sozialen Feld und im Rehabilitationsbereich, Lehramtsstudierenden, Erziehern und Pädagogen ebenso wie Therapeuten, die auf der Basis des AWOKADO-Konzeptes Zusatzqualifizierungen für ihre Arbeit mit Suchtkindern absolvierten.

Ich hoffe, dass es künftig möglich sein wird, Suchtkindern früher zu helfen, indem mehr Tätige für die Situation der Kinder in Suchtfamilien sensibilisiert werden. Die Arbeit im Bereich der Schulen und Kindergärten konnte durch neue Fortbildungen und Arbeiten zum *Bel-Kids*-Projekt, das ich in der Gesamtschule Mülfort entwickelte, multipliziert werden.

So viele waren wichtig, um diesem Buch ins Leben zu helfen – Ihnen allen an dieser Stelle ein herzlicher Dank. Vor allem danke ich meinen Klient/Innen, die so bereitwillig und vertrauensvoll erzählten – sie haben wertvolle Beiträge für das Gelingen dieses Buches bereitgestellt.

Ich durfte von Ihnen, wie auch von meinen Studierenden, den Aus- und Fortbildungsteilnehmern, sehr viel lernen. Ebenso danke ich allen interessiert Lesenden der ersten Auflage, insbesondere auch für die zahlreichen Rückmeldungen und Kontaktaufnahmen. Immer wieder las ich Sätze nachfolgender Art: »*Zum ersten Mal im Leben habe ich mich zutiefst verstanden gefühlt, zum ersten Mal merkte ich, dass ich nicht allein bin mit einer solchen Familiengeschichte.*« Auch ich fühle mich dieser geistigen Familie der Suchtkinder in meinem Herzen tief verbunden. Ich freue mich, wenn auch dieses Buch Verbindung stiftet, ein Stück Zugehörigkeit oder gar gemeinsame Heimat, und so Suchtkinder, über die Grenzen Deutschlands hinaus, ein Stück auf ihrem Weg zum Glück unterstützt.

Literatur

Antonovsky, A. (1997). *Salutogenese. Zur Entmystifizierung der Gesundheit.* Tübingen: DgvT.

Barnowski-Geiser, W. (2009). *Hören, was niemand sieht. Kreativ zur Sprache bringen, was Kinder und Erwachsene aus alkoholbelasteten Familien bewegt.* Neukirchen-Vluyn: Semnos.

Boorstein, S. (2000). *Retreat. Zeit für mich.* Freiburg: Herder.

Cierpka, M. (2009). Keiner fällt durchs Netz. Wie hochbelastete Familien unterstützt werden können. *Familiendynamik*, 2, 156–167.

Decker-Voigt, H.-H. & Dunkelziffer e.V. (Hrsg.) (2005). *»Der Schrecken wird hörbar«. Musiktherapie für sexuell missbrauchte Kinder.* Bremen: Eres Horst Schubert.

Didszun, C. & Seidel, R. (2010). *Als der Schmerz aufhörte die Seele zu essen. Mein Tor in die Freiheit.* Berlin: Dittrich.

Dierbach, H. (2009). *Die Seelenpfuscher. Pseudotherapien, die krank machen.* Reinbek: Rowohlt.

Flassbeck, J. (2014). *Ich will mein Leben zurück! Selbsthilfe für Angehörige von Suchtkranken.* Stuttgart: Klett-Cotta.

Flassbeck, J. (2010). *Co-Abhängigkeit. Diagnose, Ursachen und Therapie für Angehörige von Suchtkranken.* Stuttgart: Klett-Cotta.

Fuchs, T. (2008). *Das Gehirn – ein Beziehungsorgan. Eine phänomenologisch-ökologische Konzeption.* Stuttgart: Kohlhammer.

Hüther, G. (1999). *Biologie der Angst. Wie aus Stress Gefühle werden.* Göttingen: Vandenhoeck & Ruprecht.

Hurrelmann, K. (2007). Zur Situation von Kindern in Familie, Schule und Freizeit. Zunehmende gesundheitliche Belastungen. In: M. Borg-Laufs (Hrsg.): *Lehrbuch der Verhaltenstherapie mit Kindern und Jugendlichen* (Bd. 1) (S. 255–269). Tübingen: DgvT.

Jänicke, J. (Hrsg.) (2006). *Denkanstöße für Glücksucher.* München: Piper.

Kaufmann, E. & Kaufmann, P. N. (1992). *Familientherapie bei Alkohol- und Drogenabhängigkeit.* Freiburg: Lambertus.

Klein, M. (2005). Kinder aus suchtbelasteten Familien. In: R. Thomasius & U. J. Küstner (Hrsg.): *Familie und Sucht. Grundlagen – Therapiepraxis – Prävention.* Stuttgart: Schattauer.

Klein, M. (2007). *Kinder und Suchtgefahren.* Stuttgart: Schattauer.

Lambrou, U. (2004). *Familienkrankheit Alkoholismus. Im Sog der Abhängigkeit.* Reinbek: rororo.

Lammel, U. A. (2007): Phänomenologie einer Jugendkultur in den 90er Jahren und Anfragen an Soziale Arbeit in Praxis und Ausbildung. In: Petzold H.; Schay P.; Ebert W. (Hrsg.): *Integrative Suchttherapie.* Theorie, Methoden, Praxis, Forschung, 2. Aufl., (S. 17–51), Wiesbaden: Verlag für Sozialwissenschaften.

Lenz, A. (2005). *Kinder psychisch kranker Eltern.* Göttingen: Hogrefe.

Michaelis, K. & Petzold, H. (2010). Zur Situation von Kindern suchtbelasteter Familien aus Sicht der integrativen Therapie. Integrativ-systemische Überlegungen zur Entwicklung von Risiko und Resilienz bei Kindern mit suchtkranken Eltern. *Integrative Therapie*, 36 (2/3), 252–280.

Minuchin, S., Rosman, B. L. & Baker, L. (1978). *Psychosomatische Krankheiten in der Familie.* Stuttgart: Klett-Cotta.

Norwood, R (1987). *Wenn Frauen zu sehr lieben. Die heimliche Sucht, gebraucht zu werden.* Reinbek: rororo.

Petzold, H. (2004). *Integrative Therapie.* 3 Bände. Paderborn: Junfermann.

Pinquart, M. & Silbereisen, R. K. (2005). Personale Disposition und familiärer Kontext. In: R. Thomasius & U. J. Küstner: *Familie und Sucht. Grundlagen – Therapiepraxis – Prävention.* Stuttgart: Schattauer.

Rennert, M. (1990). *Co-Abhängigkeit. Was Sucht für die Familie bedeutet.* Freiburg: Lambertus.

Rennert, M. (2005). Co-Abhängigkeit. In: R. Thomasius & J. U. Küstner (Hrsg): *Familie und Sucht. Grundlagen – Therapiepraxis – Prävention* (S. 45–51). Stuttgart: Schattauer.

Richelshagen, K. (Hrsg.) (1992). *Süchte und Systeme.* Freiburg: Lambertus.

Röhr, H.-P. (2006). *Ich traue meiner Wahrnehmung. Sexueller und emotionaler Missbrauch.* München: DTV.

Rost, W.-D. (2005). Psychodynamische (psychoanalytische) Therapie. In: R. Thomasius & J. U. Küstner (Hrsg): *Familie und Sucht. Grundlagen – Therapiepraxis – Prävention* (S. 146–154). Stuttgart: Schattauer.

Rumpf, H. J., Bischof, G., Hapke, U., Meyer, C. H., John, U.(2005). Ausstiegsprozesse. In: R. Thomasius & J. U. Küstner (Hrsg): *Familie und Sucht. Grundlagen – Therapiepraxis – Prävention* (S.116–122). Stuttgart: Schattauer.

Thich Nhat Hanh (1998). *Schritte der Achtsamkeit.* Freiburg: Lambertus.

Thomasius, R. & Küstner, J. U. (Hrsg.) (2005). *Familie und Sucht. Grundlagen – Therapiepraxis – Prävention.* Stuttgart: Schattauer.

Trost, A. (2003). Interaktion und Regulation bei suchtkranken Müttern und ihren Säuglingen. In Landschaftsverband Rheinland, Dezernate Gesundheit und Jugend/Landesjugendamt (Hrsg.). *Suchtfalle Familie?!. Forschung und Praxis zu Lebensrealitäten zwischen Kindheit und Erwachsenenalter. Dokumentation der gemeinsamen Fachtagung der KFH NW*, Forschungsschwerpunkt Sucht, und des Landschaftsverbandes Rheinland, Dezernate Gesundheit und Jugend/Landesjugendamt. Köln.

Wegscheider, S. (1988). *Es gibt doch eine Chance. Hoffnung und Heilung für die Alkoholiker-Familie.* Wildberg: Bögner-Kaufmann.

Wilson-Schaef, A. (2006). *Co-Abhängigkeit. Die Sucht hinter der Sucht.* München: Heyne.

Woititz, J. G. (1990). *Um die Kindheit betrogen. Hoffnung und Heilung für erwachsene Kinder von Suchtkranken.* München: Kösel.

Wolin, S. & Wolin, S. (1996). The challenge model. Working with strength in children of substance abusing parents. *Adolescence Substance Abuse and Dual Disorders.* 5, 243–256.

Zinn, J. K. (1999). *Stressbewältigung durch die Praxis der Achtsamkeit.* Freiburg: Arbor.

Zobel, M. (Hrsg.) (2005). *Wenn Eltern zu viel trinken.* Bonn: Psychiatrie-Verlag.

Zobel, M. (2006). *Kinder aus alkoholbelasteten Familien. Entwicklungsrisiken und -chancen.* Göttingen: Hogrefe.